Hildegard Holtstiege

Montessori-Pädagogik für 0–4 Jahre

Hildegard Holtstiege

Montessori-Pädagogik für 0–4 Jahre

Ganzheitliche Bildung in Familie,
Kita und Kindergarten

HERDER

FREIBURG · BASEL · WIEN

2. Auflage 2010

© Verlag Herder GmbH, Freiburg im Breisgau 2009
Alle Rechte vorbehalten
www.herder.de

Umschlaggestaltung: RSRDesign Reckels & Schneider-Reckels, Wiesbaden

Satz: Barbara Herrmann, Freiburg
Fotos: Seiten 32, 34ff: © Riedel GmbH;
Seiten 33, 98f: © Hesse

Herstellung: fgb · freiburger graphische betriebe
www.fgb.de

Gedruckt auf umweltfreundlichem, chlorfrei gebleichtem Papier
Printed in Germany

ISBN 978-3-451-32282-2

Inhalt

Vorwort

Dieses Buch ist aus einer 2001 begonnenen jahrelangen gemeinsamen Arbeit mit Eltern-Initiativen und pädagogischen Fachkräften aus dem Früherziehungsbereich entstanden. Die jeweiligen Buchkapitel waren Themen von je zwei jährlichen Wochenendseminaren, die seit 2003 von der Montessori-Vereinigung e.V. mit dem Sitz Aachen angeboten wurden. Im Rahmen einer gemeinsamen Arbeit von Theorie- und Praxisdozenten der Montessori-Vereinigung bildete sich eine eigene »Arbeitsgruppe Früherziehung«.

So geht mein erster Dank an die Montessori-Vereinigung e.V. Aachen, die der inhaltlichen Auseinandersetzung mit dem Thema »Früherziehung im Rahmen der Montessori-Pädagogik« ein Forum geboten und die Arbeit finanziell unterstützt hat. Ein weiterer Dank gilt den Dozentinnen im Früherziehungsteam – K. Hesse, H. Siegel und G. Wedy. Gemeinsam haben wir Themen und Probleme diskutiert, Veranstaltungen durchgeführt und analysiert sowie weiterführende Projekte besprochen und geplant. Zu danken habe ich aber auch Frau Marianne Möller. Mit großem Engagement hat sie es geschafft, das Buch-Manuskript in nur wenigen Wochen drucktechnisch für den Herder-Verlag zu erstellen. Und ein letzter Dank geht an den Lektor Herrn Fähndrich, der die sehr kurzfristige Erstellung des Buchprojektes beratend begleitet und gefördert hat.

Havixbeck, den 1. Januar 2009 *H. Holtstiege*

Vorbemerkungen zu diesem Buch

Zu allen Kapiteln dieses Buches liegen Veröffentlichungen vor, die im Anhang III.1 vermerkt sind. In ihnen finden sich die genauen Quellenangaben und Literaturverweise für jene Stellen in diesem Buch, die als Zitate gekennzeichnet sind. In den Darlegungen dieses Buches wurden ursprüngliche Inhalte gestrafft, umstrukturiert oder auch weggelassen. Das Kapitel II.4 ist gänzlich neu erarbeitet. Es steht aber auch in Bezug zu der im Anhang genannten Hintergrundliteratur.

Allen Arbeiten liegen einige Überlegungen zugrunde, die Maria Montessori in ihrem letzten Lebensjahrzehnt wiederholt geäußert hat: die Notwendigkeit wissenschaftlicher Forschungen hinsichtlich der Fähigkeiten, mit denen Kinder auf die Welt kommen. Neben der Beobachtung und Analyse der unterschiedlichen Fähigkeiten verweist Montessori auch auf die Notwendigkeit einer entsprechenden Begrifflichkeit, die zu ihrer Zeit noch fehlte. Es gilt, die Termini zu diesen Fähigkeiten zu finden, um sie beschreiben und auch beobachten zu können. Dieses von Montessori in den 1940er Jahren nachgewiesene Manko machte es erforderlich, dem heutigen Forschungsstand nachzugehen und Montessoris Erkenntnisse im Rahmen ihrer Früherziehungskonzeption anhand neuer Forschungsergebnisse zu überprüfen. In der Hintergrundliteratur zu den einzelnen Buchkapiteln im Anhang wurde diesem Anliegen Montessoris nachgegangen.

I. Grundriss der Montessori-Früherziehung

Im Jahre 1922 hielt Maria Montessori in Brüssel einen Vortrag, in dem sie sich mit der frühen Erziehung und Bildung des Kindes befasste. So fordert sie von den Eltern, ihr Kind zunächst zu beobachten, bevor sie damit beginnen, es erziehen zu wollen. Erziehung beginnt also mit der Beobachtung des Kindes, die damit auch zu einer der ersten Aufgabe aller frühkindlichen Erzieher wird. Montessori geht in ihrem Brüsseler Vortrag beschreibend und anhand von Bespielen auf viele Fragen der Bildung des kleinen Kindes ein. Sie nennt aber auch eine Reihe von Grundsätzen, die mit drei Fragen zu tun haben:

♦ Wer ist das Kind?
♦ Was braucht dieses Kind – welche Neigungen und Bedürfnisse hat es?
♦ Wie kann man den kindlichen Neigungen und Bedürfnissen entsprechen – sie unterstützen und fördern?

Als Devise gilt Montessori die Bitte eines Kindes: »Hilf mir, es selbst zu tun«. Mit Hilfe dieser drei Fragen lassen sich die Konturen erfassen, innerhalb derer sich Montessoris Vorstellungen über die frühkindliche Bildung und Erziehung bewegen.

1. Wer ist das Kind?

Grundlegend für alle frühpädagogischen Überlegungen ist also Montessoris Frage nach dem Wesen und dem Eigenwert des Kindes. »Das neugeborene Kind ist von Geburt an ein Geschöpf mit Geist und wenn man für sein Wohl sorgen will, genügt es nicht, seine körperlichen Bedürfnisse zu befriedigen, man muss ihm auch einen Weg zur geistigen Entwicklung eröffnen, muss seine geistigen Regungen vom ersten Tag an beachten und ihnen zu entsprechen suchen.« Montessori betont, dass die Geistigkeit eine Tatsache ist, die das Kind mitbringt. »Das Kind ist – wie alle menschlichen Wesen – eine freie Persönlichkeit. Es trägt an sich den Abglanz und die Würde des schöpferischen Geistes.«

Auch für das Kind gilt von Beginn seines Lebens an, dass Geist und Intelligenz der Mittelpunkt seiner menschlichen Existenz und die Gestaltungsprinzipien seines sich entwickelnden Verhaltens sind. Es handelt sich beim Kind um eine Geistes- und Intelligenzform, die noch unbewusst aktiv ist, und die eine absorbierende Qualität hat. Das heißt, sie saugt Eindrücke wie ein Schwamm ganzheitlich in sich auf. Diese Eindrücke werden erst in der folgenden Entwicklungsphase analysiert und verarbeitet.

Ein Geschöpf mit Geist sein, das bedeutet, eine freie Persönlichkeit sein, die sich im Kinde in der Entfaltung befindet. Von diesem kleinen Geschöpf sagt Montessori, dass es nicht einfach in die Welt geworfen, sondern einem Liebesauftrag seiner Eltern anvertraut werde. Neben der körperlichen Fürsorge zeigt sich diese Liebe darin, dass sie dem Kinde den »Schutz seiner Freiheit« bietet und »Hilfe und Behütung während der ersten kindlichen Berührungen mit der Umwelt«. Die Freiheit und Geistigkeit, die das Neugeborene mitbringt, sind also der Obhut und dem Schutz seiner Eltern anvertraut.

Zu fragen wird sein, worin Obhut und »Schutz der kindlichen Freiheit« als elterliche Aufgabe in diesen »vitalen Jahren« bestehen. Montessori spricht von der elterlichen Aufgabe, die Entwicklung des Kindes von Geburt an in Obhut zu nehmen und sie zu schützen.

In ihren Nachforschungen über die »Kindheit in der Natur« sagt sie zum »Leit- oder Mutterinstinkt«, dass er dem Geleit und Schutz des kindlichen Lebens, des Lebens in seinem Anfangsstadium diene. Ausdrücklich stellt sie fest, dass der Mutterinstinkt nicht allein an die Mutter gebunden ist, er gehört vielmehr beiden Eltern an. Diese Aussage scheint wichtig, da sie den Hinweis enthält, dass auch dem Vater von Geburt an eine konkrete Bedeutung für die Früherziehung zukommt.

Aus dem geistigen Wesen des kindlichen Menschen ergibt sich die Frage, wie dem Kind ein Weg zur geistigen Entwicklung und Bildung eröffnet werden kann. Wie erwähnt, sind die Freiheit und Geistigkeit, die das Neugeborene mitbringt, der Obhut und dem Schutz seiner Eltern anvertraut. Die Obhut und der Schutz der kindlichen Freiheit bestehen nach Montessori in der Achtung vor der kindlichen Freiheit, die sich darin äußert, dass wir das Kind in seinen Bemühungen, zu wachsen, unterstützen. Für diese Hilfe, die sie auch als Erziehung bezeichnet, nennt Montessori eine Vorbedingung, Grundsätze, die Eltern helfen können, den Weg mit ihren Kindern zu finden.

Eine grundsätzliche Vorbedingung für die Erziehung des Kleinkindes ist die »Kenntnis der psychischen Bedürfnisse des Kindes und die Fähigkeit, seine Äußerungen zu beobachten und richtig zu deuten.« Diese Vorbedingung ist nicht einfach mit dem Elternwerden oder -sein gegeben. Sie muss erworben werden.

Drei Grundsätze: Um dem Kind einen Weg zu seiner geistigen Entwicklung zu eröffnen, nennt Montessori Grundsätze, die für Eltern bei ihrer Suche nach diesem Weg hilfreich sein können.

♦ »Die Hauptsache ist: alle Formen der vernünftigen Betätigung des Kindes zu achten und sie zu verstehen suchen.«

♦ »Der zweite Grundsatz lautet: Den Tätigkeitsdrang des Kindes so weit nur irgend möglich unterstützen, es nicht bedienen, sondern es zur Selbstständigkeit erziehen.«

♦ »Der dritte Grundsatz ist: Das Kind ist äußeren Einwirkungen gegenüber viel empfänglicher, als wir glauben; danach müssen wir unser ganzes Verhalten einrichten.«

Zu diesen drei Grundsätzen ergeben sich im Hinblick auf die konkrete frühkindliche Erziehung drei entsprechende Fragen:

♦ Was sind Anzeichen der richtigen kindlichen Aktivität?

♦ Worin besteht die kindliche Selbstständigkeit und der Unterschied zwischen bedienen und dienen in der Erziehung?

♦ Wie äußert sich die hohe Empfänglichkeit der kindlichen Psyche und wie drückt sich die Achtung gegenüber ihren Äußerungen aus?

Diese Fragen zu den von Montessori genannten drei Grundsätzen leiten und durchziehen die beiden folgenden Kapitel: »Was braucht das Kind angesichts seiner Neigungen?« und »Wie kann man sie pädagogisch unterstützen und fördern?«

2. Was braucht das Kind? Welche Neigungen und Bedürfnisse zeigen sich im Alter von 0–4 Jahren?

Montessori spricht von sich zeigenden Sensibilitäten oder Empfänglichkeiten für den Erwerb ganz bestimmter Fähigkeiten und Verhaltensweisen. »Mit drei Jahren hat das Kind bereits die Grundlagen seiner Personalität gelegt.« Die Grundlagen der kindlichen Personalität bestehen – grob umrissen – im Erwerb der spezifisch menschlichen Verhaltensweise: aufrecht gehen, sprechen und an den Handlungen der umgebenden Menschen teilnehmen, vernünftig agieren können.

Wie erwähnt, nennt Montessori die Kenntnis der psychischen Bedürfnisse des Kindes eine Vorbedingung für erzieherische Hilfen. Um Formen der vernünftigen Betätigung des Kindes beobachten und erkennen zu können, ist die Kenntnis der wichtigsten Anzeichen frühkindlicher Aktivitäten oder Sensibilitäten erforderlich.

2.1 Sensibilitäten und Neigungen – Empfänglichkeiten

In der bio-psychischen Betrachtungsweise sind von Geburt an Sensibilitäten (Empfänglichkeiten) für Ordnung, Bewegung und Sprache erkennbar, zu denen etwa ab drei Jahren mit dem Erwachen des Bewusstseins die Neigung zur Analyse, Klärung und Vervollkommnung des erworbenen Wissens und Könnens hinzukommen. Diese Sensibilitäten leiten kindliche Interessen und Aktivitäten, seine Lernprozesse. Hinsichtlich der intellektuellen Entwicklungsintervalle, die bis zum Alter von 4 Jahren eingebettet sind in Empfindung und Gefühl, werden unterschiedliche Neigungen erkennbar.

Im Alter von 0–2 Jahren – so Montessori – »gewahrt« das Kind seine Umgebung. Es interessiert sich für all das, was es umgibt und es entwickelt eine besondere »Liebe zur Umgebung«. In der Folgezeit von 2–4 Jahren zeigt das Kind eine besondere Neigung und Bereitschaft zu einer differenzierten Aufnahme der Außenwelt. Damit verbindet es gleichzeitig sinnenhafte und geistige Interessen sowie die Neigung, sich über das Materielle zu »erheben«, zu transzendieren – Dinge und Ereignisse zu hinterfragen oder zu deuten. Ab etwa vier Jahren schließt sich die Phase der Bereitschaft und Offenheit für Unterweisungen an.

Die unterschiedlichen Entwicklungsbereiche (bio-psychische, intellektuelle, sozial-emotionale, sittlich-moralische, religiöse) mit ihren jeweiligen Sensibilitäten für kindliche Bildungsaktivitäten werden in den folgenden Kapiteln dieses Buches unter entsprechenden Themen behandelt. Generell ist zu beachten, dass es in den verschiedenen Entwicklungsphasen jeweils dominierende kindliche Entwicklungsinteressen gibt – etwa auch hinsichtlich der Konstruktion der Einbildungskraft, der Imagination. Sie steuern ganz bestimmte Neigungen und Empfänglichkeiten – etwa für den Erwerb von Funktionen oder geistig-mentale Fähigkeiten, die jeweils Gegenstand der ans Licht tretenden kindlichen Bildungsaktivitäten sind.

Die moderne Verhaltens- und Hirnforschung spricht dabei von »Zeitfenstern«. Es handelt sich um einen relativ begrenzten Zeitraum, in dem sich das Kind mit Leichtigkeit und Engagement neue Fähigkeiten, neues Können und Wissen selbst erwirbt und dabei den bisherigen Könnens- und Wissensstand überschreitet. Montessori verweist darauf, dass das Kind dabei aus seinen bisherigen Begrenzungen hinaustritt, und sie sieht darin einen Akt kindlichen Erwerbs von partieller Freiheit.

2.2 Sensibilitäten am Beispiel der Hand

Die Sensibilitäten der kindlichen Frühzeit sollen im Folgenden am Beispiel der Entwicklung der kindlichen Hand dargestellt werden.

Die Entwicklung der Hand steht in Verbindung mit der Entwicklung der Bewegung und Intelligenz, des aufrechten Ganges und der Sprache, sowie der emotional-sozialen und sittlich-moralischen Dimension des kindlichen Menschen.

Generelle taktile Sensibilität – Tasten und Berühren: Zu den frühesten Anzeichen der kindlichen Aktivität gehört die tastende Bewegung, die bereits im Mutterleib erwacht. Danach erwachen der Gehör- und dann erst der Gesichtssinn – das Sehen.

Die tastende Bewegung wird vor allem durch Mund und Hand und anfangs reflexartig vollzogen. Die Grundlage für die gesamte basale Entwicklung des Kindes bis zum dritten Lebensjahr ist die gelingende Entwicklung des Tastsinns – das Tasten- und Berührenkönnen als eine erworbene Fähigkeit der mitgebrachten Anlage. Dies ist eine der wichtigsten Errungenschaften der ersten Jahre, von denen alle weiteren abhängen.

Über die Tastleistungen der Hand vermitteln sich – so der Psychologe David Katz – dem Menschenkind die »Tastqualitäten« der »tastbaren Welt«, etwa des Rauen oder Glatten, des Weichen oder Harten. Durch das fühlende Tasten in der Berührung wird der Realitätskontakt, die Beziehung zur Außenwelt aufgebaut, da die Berührung das Vorhandensein eines andern bestätigt. Dass das Kind die Mutter anfassen kann, so Ashley Montague, gibt ihm ein tiefes Gefühl der Sicherheit, denn letzten Endes glauben wir an die Realität eines

Dinges nur, wenn es uns greifbar ist. Wir müssen imstande sein, seine Beweisbarkeit zu fühlen. Im Berühren und Anfassen – so Montessori – wird die Hand zu einem »Werkzeug geistigen Begreifens«.

Sensibilitäten für die Funktion von Hand und Finger – Die Entwicklung des Greifens: Im Spiel der Funktion von Hand und Fingern geht es um die Entdeckung und den Gebrauch der Hände. Beides geht mit der Entwicklung des Greifens einher.

♦ Im Alter von drei Monaten entdeckt das Kind seine Hand. Es sieht sie an, betrachtet und betätigt sie. Anhand von Beispielen zeigt Montessori auf, dass für das Kind im Alter bis zu sechs Monaten das »Spiel der Funktion« von Hand und Fingern im Mittelpunkt seines Interesses steht. Das Fallenlassen, das Aufheben- und wiederum Fallenlassen ist wichtiger als der Gegenstand selbst.

♦ Parallel zur Entwicklung der Hand geht die Entwicklung des Greifens einher. Der Entwicklungsweg verläuft von den tastenden Handaktivitäten hin zum gezielten Greifen, und zwar parallel mit der Entwicklung der Intelligenz, dem Gleichgewicht und dem Laufen. Das Zugreifen mit der Hand geschieht anfangs instinktiv, reflexartig und unbewusst.

♦ Mit drei Monaten versucht das Kind, mit unpräzisen Handbewegungen einen Gegenstand zu erfassen.

♦ Von vier Monaten an werden die Greifbewegungen genauer und gezielter.

♦ Ab dem sechsten Monat vermag ein Kind zielgenauer mit den Händen zu greifen.

♦ Mit zehn Monaten hat die kindliche Beobachtung der Umgebung sein Interesse soweit geweckt, dass es sich ihrer bemächtigen möchte. »Das vom Wunsch getriebene, beabsichtigte Zugreifen hört auf, ein einfaches Zugreifen zu sein.« Damit, so Montessori, beginnt die wirkliche Übung der Hand, die ihren Ausdruck im Versetzen und Bewegen von Gegenständen findet. Von diesem Zeitpunkt an beginnt das Kind zu handeln. Noch bevor es ein Jahr alt ist, befasst sich seine Hand mit den verschiedenen Tätigkeiten, die auch als eine Form von Arbeit bezeichnet werden könnten: das Öffnen und Schließen von Türen, Kästen u.ä.; Flaschen mit Korken versehen, Gegenstände aus einem Behälter nehmen und dann wieder hineinlegen.

Der Kinderpsychologe Arnold Gesell hat darauf hingewiesen, dass das Kind um den neunten Lebensmonat – auch auf Befragen – mit dem Zeigefinger auf bekannte Dinge oder Personen zeigen kann. Ein sehr wichtiger Hinweis ist Gesells Beobachtung, dass Bedachtheit und Konzentration des Kindes erkennbar werden. Die Frage nach dem Zeitpunkt des Auftretens von Konzentrationsfähigkeit wird sehr häufig gestellt. Sie ist in diesem Zusammenhang als sehr früh auftretend erkennbar. Die internationale Säuglingsforschung hat beobachtet, dass das Kind bereits nach der Geburt in den »Phasen der wachen Inaktivität« Konzentration erkennen lässt. Diese kann bereits im 3. Lebensmonat bis zu 15 Minuten andauern.

Die um den neunten Lebensmonat ebenfalls erkennbare Fähigkeit des Zeigenkönnens gilt als eine der ersten Äußerungen der Sprachfunktion. Indem es auf etwas zeigt, will das Kind etwas andeuten, mitteilen, mit einer Gebärde etwas sagen. Das Kind spricht mit den Händen. Das Zeigen als Hinzeigen auf etwas fällt mit dem ersten Beginn von Sprechen und Verstehen zusammen. Das Zeigen bedarf eines Raumes, in dem es Orte gibt, auf die man zeigen kann. Das Kind kann in diesem Alter also einen gegliederten und strukturierten Raum erfassen. Das ist eine Leistung seiner erwachten und sich bildenden Intelligenz.

Bedürfnis nach anregenden Gegenständen: Das Kind, das um den dritten Lebensmonat seine Hände entdeckt, entwickelt eine wahre »Tastleidenschaft« (Katz). Für die Entwicklung der Fähigkeit des Tasten- und Berührenkönnens ist es unermüdlich auf der Suche nach Möglichkeiten. Es möchte alles anfassen und mit den Dingen hantieren. »In der Tat, es ›hält niemals still‹ und ›fasst alles an‹.«

Bedürfnis, sich selbst zu bedienen – allein essen: Gegen Ende des ersten Lebensjahres entsteht im Kind die Neigung, allein zu essen. Sie geht mit dem Bedürfnis nach funktionaler Unabhängigkeit vom Erwachsenen einher. Das ganze unbewusste Streben des Kindes – so Montessori – »geht dahin, sich durch die Loslösung vom Erwachsenen und durch Selbstständigkeit zur freien Persönlichkeit zu entwickeln«.

Neigung zu gleichzeitiger Betätigung von Hand und Gleichgewicht – Bedürfnis nach Kraftanwendung: Diese Sensibilität tritt im Alter von eineinhalb Jahren auf. Durch die Entwicklung von Händen und Füßen ist dem Kind Kraft zugewachsen. Der Einsatz von Kraft und Kraftaufwand beginnt zu dominieren. Die Hand will nicht nur zugreifen, sondern auch Gewichte bewegen. »Wir können Kinder unter zwei Jahren beobachten, die ohne offensichtlichen Grund Gewichte tragen, die weit über ihre Kräfte gehen.« Montessori weist an anderer Stelle darauf hin, dass ein zweijähriges Kind in der Lage ist, zwei oder drei Kilometer zu laufen, und, wenn es ihm gefällt, zu klettern. Die Schwierigkeiten, die es auf seiner Wanderung antrifft, sind das Interessante für das Kind. Wenn ein Kind z. B. etwas tragen möchte, wird es stets die schwersten Gegenstände auswählen.

Neigung, das Gesetz der Schwerkraft zu durchbrechen: Das Kind zeigt die Tendenz, sich mit der Hand an etwas festzuklammern und hochzuziehen. »Es greift nicht mehr zu, um zu besitzen, sondern mit dem Wunsch zu steigen.« Beim Steigen und Klettern geht es dem Kind primär um die Freude des Hinaufkletterns und die Freude an der Anstrengung. Montessori ist der Meinung, dass das kindliche Bedürfnis des Kletterns weiter nichts ist, als das Bedürfnis nach Anstrengung zum Steigen.

Im Umriss frühkindlicher Sensibilitäten der taktil-motorischen Ebene zeigt sich ein hohes Entwicklungstempo mit einer raschen Abfolge von Sensibilitäten bzw. Sensibilitätsphasen. Mit der taktil-motorischen Entwicklung geht die komplexe Sensibilität für den Sprachcrwcrb cinhcr, auf den in diesem Zusammenhang nicht eingegangen wird.

Eine weitere Ebene frühkindlicher Sensibilität ist mit der gleichzeitigen Entwicklung des sozial-emotionalen Verhaltens gegeben. Es handelt sich um die inzwischen genauer erforschte emotionale Intelligenz.

3. Wie kann man den Neigungen und Bedürfnissen des Kindes entsprechen?

Montessori bezeichnet es als Fundament der neuen Erziehung, »die Bedürfnisse des Kindes zu beachten und ihnen zu entsprechen, damit sein Leben sich möglichst voll entfalten kann«, denn die Kinder müssen nicht nur leiblich, sondern auch geistig wachsen. Mit der gewählten Bezeichnung »Entsprechung« wird bereits deutlich, dass sie eine eigene Vorstellung von Früherziehung hat. Ausdrücklich stellt sie fest, was sie unter Erziehung des Säuglings und des Kleinstkindes versteht: »... der psychischen Entwicklung des Kindes von Geburt an zu helfen. Wir wollen das Kind schützen und pflegen. ... So wie sein Körper in Intervallen wächst und sich entwickelt, so wächst auch seine Persönlichkeit in Perioden bestimmter Sensibilität.«

Diese Aussage verweist auf eine Vorgabe hinsichtlich der so genannten Früherziehung: »vom Kinde ausgehen«. Das heißt auch für frühkindliche Bezugspersonen und Erziehende, sich an den Intervallen der kindlichen Entwicklung zu orientieren und nicht an eigenen Erziehungsvorstellungen oder theoretisch entworfenen Programmen. Vom Kinde ausgehen, das liest sich bei Montessori so: »Wir bemühen uns, die sensitiven Perioden, diese Intervalle der inneren Entwicklung des Kindes, zu erkennen und ihnen in allem gerecht zu werden«, ihnen zu entsprechen. Erziehung, verstanden als Hilfe in der kindlichen Entwicklung, bezeichnet Montessori als die Aufgabe, ein Kind zu leiten. Von der wahren Hilfe aber heißt es, sie »darf nicht beziehungslos und willkürlich, sie muss eine Antwort auf die Bemühungen der kindlichen Seele sein«.

3.1 Den Umgang mit der kindlichen Hand beachten

Eines der frühesten Bedürfnisse des kleinen Kindes offenbart sich in den Aktivitäten seiner kindlichen Hand. In ihrem Buch »Kinder sind anders« befasst sich Montessori mit den Schwierigkeiten des Erwachsenen im Umgang mit der Hand des Kindes. Montessori benennt Probleme, die im Umgang mit der kindlichen Hand entstehen. Sobald die kleine Hand sich nach einem Ding ausstreckt, beginnt der Erwachsene sich vor diesem Händchen zu fürchten. Er wird »zum Verteidiger der Gegenstände wider das Kind« und beginnt damit, dem Kinde einzuschärfen: »Rühr das nicht an!«.

Damit tritt der Erwachsene bereits gegen die Bedürfnisse des Kindes an. Er verteidigt seine Umgebung gegen das Kind! Und doch ist die kleine Hand, die auf Erkundungen ausgeht, der Obhut und dem Schutz dieses Erwachsenen anvertraut. Die vorrangigste Hilfe für das Kind besteht zunächst in der Notwendigkeit, dass der Erwachsene sich über seinen Umgang mit der Hand des Kindes klar wird. Erst dann wird er das »suchende Händchen des kleinen Kindes« unterstützen können, statt es zu behindern.

3.2 Eine angepasste Umgebung für das Kind schaffen

Die erste Lebensnotwendigkeit besteht nach Montessori darin, »eine Welt, eine Umgebung zu schaffen«, die dem kleinen Kind und seinen Bedürfnissen entspricht. Die vorbereitete Umgebung ist am wichtigsten »gleich nach der Geburt«. In ihrem Vortrag von 1922 beschreibt und bedenkt Montessori die kindliche Geburtssituation. Vom Neugeborenen sagt sie: »Sein Drama ist die große Loslösung von der Mutter, die bisher alles für es getan hat. Getrennt von ihr und seinen eigenen schwachen Kräften überlassen, muss es mit einem Schlage alle Funktionen des Lebens für sich ausführen. Was tun wir, um das Kind zu empfangen und ihm in all seinen Nöten zu helfen?«

Gemeint ist in diesem Zusammenhang eine anthropologisch durchdachte Gestaltung des medizinisch-pflegerischen Verhaltens, denn, so Montessori: »Für das menschliche Neugeborene gibt es nicht nur in der Natur, sondern auch in der Kultur eine Lücke.«Das Kind muss selbst seiner Umwelt jene Elemente entnehmen, die es zu seinem geistigen Aufbau braucht. Wenn es sich in einer konstruktiven Art betätigen soll und seine Hände zu einer Arbeit gebraucht, »so muss es rings um sich Gegenstände finden, die es zu solcher Arbeit anregen.« Montessori macht darauf aufmerksam, dass in der häuslichen Umgebung auf dieses Bedürfnis keine Rücksicht genommen wird. »Die Dinge, die das Kind umgeben, gehören alle den Erwachsenen und sind für deren Gebrauch bestimmt. Für das Kind sind sie verboten, tabu.«

In einer kritischen Betrachtung weist Montessori darauf hin, dass der Erwachsene versucht, ein für die kindliche Entwicklung lebenswichtiges Problem durch Verbote zu lösen. »Man schützt die Gegenstände vor den kleinen, noch ungeschickten Händen; man fängt mit Tadel und Verboten an zu erziehen und merkt nicht, wie viel Wunden man damit schlägt, statt eine Umgebung zu schaffen, die den Aktivitäten des Kindes Rechnung trägt.«

Die Forderung, dem Kind eine angepasste Umgebung zu schaffen, enthält zunächst den Anspruch an Erwachsene, die eigene Einstellung und den eigenen Umgang mit der kindlichen Hand zu hinterfragen und zu revidieren.

3.3 Den Sensibilitäten entsprechen – dem Geist helfen

Dem kindlichen Geist weiterhelfen, das bedeutet, seinen frühesten Sensibilitäten zu entsprechen suchen, sich an ihnen in der Erziehung zu orientieren. Am Beispiel der erwachenden Handaktivitäten in Verbindung mit der Entwicklung von Intelligenz und Gleichgewicht lassen sich solche Entsprechungen insbesondere für die ersten beiden Lebensjahre aufzeigen.

Der taktilen Sensibilität entsprechen – dem Erspüren taktiler Eigenschaften durch Berührungseindrücke: Der erste Gegenstand frühkindlicher Berührungseindrücke ist die Haut. Sie gilt als das erste Kommunikationsmedium, durch das der Kontakt mit der Außenwelt aufgenommen wird. Lippen, Hand und Finger spielen dabei eine große Rolle. Die sozial-emotionale Zuwendung der umgebenden Personen – vorrangig der Eltern – ist das früheste Erfahrungsfeld des Kindes. Ausdrucksformen der Zärtlichkeit und Verlässlichkeit erspürt das Kind auf taktil-motorischem Wege. Die früheste Entsprechung der taktilen Sensibilität sind also die Eltern selbst mit ihrer eigenen Person und mit der Qualität und Quantität ihrer liebevollen Fürsorge. Die Entwicklung der Fähigkeit zur Empathie ist bei Säuglingen schon wenige Monate nach der Geburt zu beobachten. Kinder reagieren auf die Aufregungen anderer, als wären sie selbst betroffen. Dies ist eine Reaktionsweise, die sich durch das ganze erste Lebensjahr hindurchzieht.

Empathie im frühen Kindesalter besteht in einer »motorischen Mimikry« – etwa dem Mitweinen mit anderen Säuglingen (siehe auch später Kapitel 2.4.2). Es handelt sich um die früheste emotionale Fähigkeit, das subjektive Erleben einer anderen Person in einer Art physischer Nachahmung wahrzunehmen, die dann bei einem selbst die entsprechenden Gefühle hervorruft. Die motorische Mimikry verschwindet aus dem Repertoire der Kleinen, wenn sie zweieinhalb werden. In diesem Alter erkennt das Kind z. B., dass das Leid eines anderen etwas anderes ist als das eigene Leid. Das Erlernen der Empathie im Säuglings- und Kleinkindalter setzt vor allem Anwesenheit und konkrete Zuwendung von Seiten der Eltern voraus. Sie sind im Normalfall die ersten Interaktionspartner.

In diesem Zusammenhang fordert der französische Kinderpsychologe und Psychiater Jean Le Camus den »konkreten Vater« – seine »physische Präsenz« beim Kind von Geburt an. Für sein sozial-emotionales frühes Erfahrungsfeld benötigt der Säugling die konkrete Gegenwart beider Eltern. Le Camus spricht von »zwei affektiven ›Hüllen‹«, die das Kind umgeben und aus denen es die unterschiedlichen »Stimulationsmuster« für sein eigenes Verhalten entnehmen kann.

Neben dem Erspüren der taktilen Eigenschaften des sozial-emotionalen Erfahrungsfeldes tritt mit der Entdeckung und dem Gebrauch der Hände auch das Erspüren der taktilen Eigenschaften von Gegenständen der umgebenden Welt auf. Die pädagogisch-didaktische Bedeutung und Förderung der taktilen Sensibilität lässt sich an drei ausgewählten Situationen aufzeigen:

♦ Die Bettdecke kann den Berührungseindruck von rau oder glatt, warm oder kalt vermitteln und Lust- oder Unlustgefühle hervorrufen, die unter Umständen Tränen auslösen, weil das Kind nicht weiß, was das ist. Montessori fordert in diesem Zusammenhang, den kindlichen Tränen Beachtung zu schenken. Eine Menge verworrener Eindrücke stürmen auf das Kind ein. Sie folgen oft so schnell aufeinander, dass es kaum Zeit hat, sie aufzunehmen. Es kann sie – in Analogie zum Essen – oft nicht verdauen. Das Kind drückt das Unbehagen in Tränen aus, weil es keine andere Möglichkeit hat. Solche Tränen weisen auf ein unerfülltes Bedürfnis hin. Sie fordern Feinheit in der Beobachtung und evtl. eine vorübergehende Abschirmung des Kindes von zu vielen oder heftigen bzw. neuen Eindrücken. Montessori nennt ein solches Verhalten der Erziehenden eine »teilnehmende, verstehende und liebevolle Antwort«, weil es dem Kind signalisiert, dass sein Unbehagen ernst genommen wird.

♦ Ein Spielgegenstand am Bettchen oder Kinderwagen vermittelt dem Kind Berührungseindrücke des Weichen oder Harten. Diese Tastqualitäten der tastbaren Welt in seiner Umgebung differenzieren bereits die taktile Sensibilität des Kindes. Auf dieser ganz frühen taktil-motorischen Ebene werden Grundfunktionen der Intelligenz des Kindes wachgerufen: Gegenstände unterscheiden aufgrund ihrer tastbaren Qualitäten oder Eigenschaften. Damit es sich ohne Verwirrung und in Ruhe und Klarheit diese früh erwachende Intelligenzfunktion aneignen kann, ist es erforderlich, dass seinem Blickfeld in Wiege oder Kinderwagen wenige Gegenstände angeboten werden. Montessori nennt als Prinzip für alle Lebensphasen der Entwicklung die Begrenzung der Anregung geistiger Bedürfnisse. Diese Begrenzung besteht im »richtigen Maß zwischen Übertreibung und Mangel an Raum und Dingen«. Die Begrenzung oder das Maß wird auch bestimmt durch die jeweilige Fassungskraft des Kindes für neue Eindrücke. Erzieherische Beobachtung ist damit gefragt.

♦ Bereits das sechs Monate alte Kind mit seiner zunehmend gelingenden Fähigkeit des gezielten Greifens setzt im

Umgang mit den tastbaren Gegenständen in seiner Umgebung die »prüfende Hand« ein, wie Katz sie nennt. Es unterwirft seine Erfahrungen mit den Gegenständen seiner Umgebung einer Realitätskontrolle, wobei in dieser Zeit auch der Mund gezielt eingesetzt wird. Die Logopädin Felicitas Affolter hat eine Filmdokumentation des gezielten Greifens eines sechseinhalb Monate alten Kindes vorgelegt. »Das Kind erblickt etwas – berührt – umfasst – nimmt und bringt das Genommene zum Mund.« Diese Prüf- und Realitätskontrolle eines zunächst erblickten und berührten Gegenstandes ist bereits eine weitere Leistung der unbewusst arbeitenden Intelligenz des Kindes – es urteilt und korrigiert frühere Tasterfahrungen. Unterscheiden und Urteilen, die im ersten Lebensjahr auf der Basis der taktilen Sensibilität verlaufen, sind Grundfunktionen intelligenten Handelns auf einer noch unbewussten Ebene. Montessori verweist immer wieder darauf, dass die Entwicklung der Fähigkeiten der Hand »beim Menschen mit der Entwicklung der Intelligenz verbunden ist«.

Pädagogisch gesehen entsteht die Forderung, dem Kind die prüfende Hand zu gewähren und etwa das Durch-den-Mund-Ziehen von Gegenständen nicht einfach generell zu verbieten. Montessori sagt von der Entsprechung des Erwachsenen auf ein solches Bedürfnis: Wir müssen es der Hand des Kindes »erlauben, Seite an Seite mit der Intelligenz zu arbeiten«, die im geschilderten Falle prüft und urteilt und möglicherweise auch korrigiert.

Dem Spiel mit den Funktionen der Hand entsprechen: Der Säugling von drei Monaten ist mit der Entdeckung der Hand beschäftigt, die im Mittelpunkt seines Interesses steht. Gegenstände werden genommen, betastet, gehalten oder fallen gelassen. Das sind Handaktivitäten, die gelingen oder nicht gelingen. Das Spiel mit der Funktion von Hand und Fingern erstreckt sich bis zu sechs Monaten hin. In dieser Zeit ist es wichtig, dieses Spiel mit den Handfunktionen zu beobachten und sich in dieses Spiel mit Hineinnehmen zu lassen – etwa Gegenstände bieten, die das Kind dann fallen lassen, sie aufzuheben und zurückzugeben. Darin nämlich besteht die eigentliche Betätigung des Kindes im Prozess der Entdeckung seiner Hand. Das Funktionieren von Hand und Fingern interessiert und wird geübt. Der Gegenstand selbst ist unwichtig; Erwachsene verwechseln dies oft.

In diesen Zusammenhang gehören auch die Hand- und Fingerspiele mit ihren Reimen und Liedern, wie sie sich z. B. bei Fröbel finden. Seine »Mutter- und Koselieder« enthalten Darstellungen und Beschreibungen von Texten und Liedern, die unmittelbar der Entwicklung und Förderung der kindlichen Handfunktionen dienen. Mit der Entdeckung und dem Gebrauch der Hände vom dritten Monat an erwacht auch die Tastleidenschaft des Kindes. Es möchte und muss alles um sich herum berühren und anfassen. In dieser Zeit sieht es buchstäblich mit den Händen. Seine erwachende Tastleidenschaft bringt das Kind aber auch in Konflikte mit denen, die es liebt und die es lieben.

In dieser kritischen Zeit ist es wichtig, dieses Bedürfnis zu verstehen, es richtig zu deuten, einzuschätzen und ihm nachzukommen. Die Forderung nach einer altersgemäßen Umgebung im häuslichen Bereich der Familie wird akut. Das Kind muss für die Befriedigung seiner Tastleidenschaft Gegenstände finden, die es anregen, seine Hände zu gebrauchen. Als pädagogische Aufgabe entsteht die didaktische Forderung, dem Kind für die Betätigung seiner Tastleidenschaft eine Umgebung mit geeigneten Gegenständen zur Verfügung zu stellen.

Dem Bedürfnis nach anregenden Gegenständen entsprechen:
Wenn das Kind sich also in einer konstruktiven Art benehmen soll und seine Hände zu einer Arbeit gebraucht, so muss es – wie schon erwähnt –»rings um sich Gegenstände finden, die es zu solcher Arbeit anregen. ... Sind solche vorhanden, dann sieht man die Kinder Leistungen vollbringen, die oft weit über alles hinausgehen, was man ihren Kräften zumuten würde«.

Gegenstände rings um die Kinderhand – Eine angepasste Umgebung für das Kind im Alter seiner Tastleidenschaft bereit zu stellen, das bedeutet, solche Gegenstände – nicht der spielerischen, sondern der Alltagssituationen – in Reichweite des Kindes arrangieren, mit denen es dann auch frei umgehen darf. Das sollten dann auch nicht die wirklich kostbaren Gegenstände einer Erwachsenenumgebung sein. Das kann im Alter des so genannten »Fütterns« ein Essplatz sein, der so gedeckt ist wie der aller anderen – etwa mit Löffel und Wasserglas. Das Kind wird sein Gedeck anfangs nehmen, um damit Handaktivitäten auszuführen – den Löffel zum Klopfen und das Glas zum Kippen oder Rollen gebrauchen. Die eigentliche Funktion des Gegenstandes interessiert das Kind erst dann, wenn es um das erste Lebensjahr herum das Bedürfnis hat, allein zu essen.

Im Zusammenhang mit der Forderung nach einer angepassten Umgebung mit den bereitgestellten Gebrauchsgegenständen für das Kind verweist Montessori auf eine eigentümliche Verfassung in der Mentalität des Erwachsenen, der Gegenstände vor dem Kind in Sicherheit bringen möchte. So heißt es: »Wir haben Achtung vor dem Glas, aber nicht vor dem Kind. Wir halten einen Gegenstand von wenigen Groschen für wertvoller, als die Fähigkeit des Kindes, sich geordnet zu bewegen.« Hier werden die frühen Erzieher vor die Frage ihrer eigenen Wertung gestellt, die Reflexionen und Einstellungsänderungen nach sich zieht.

Versetzen und Bewegen von Gegenständen – Das kleine Kind kann, wie bereits dargelegt, vom neunten/zehnten Lebensmonat an gezielt und absichtlich greifen. Es kann – auch auf Befragung – gezielt auf Gegenstände zeigen. Gleichzeitig setzen Aktivitäten des Erkundens mit den Händen ein. Außerdem zeigt es Bedachtsamkeit und Konzentration. Für all diese sich zeigenden Sensibilitäten, die an den Gebrauch der Hände gebunden sind, muss das Kind »rings um sich Gegenstände finden, die es zu solcher Arbeit anregen«.

Montessori beschreibt solche Angebote für das Kind, die bereits angesprochen wurden. Die wirkliche Übung der Hand des fast einjährigen Kindes findet ihren eigentümlichen Ausdruck im Versetzen und Bewegen von Gegenständen. Schon bevor es ein Jahr alt ist, strebt seine Hand nach den verschiedensten Tätigkeiten: dem Öffnen und Schließen von Türen, Kästen und ähnlichem, das es schon auf dem Arm der Eltern probiert. Es will Flaschen mit Korken versehen oder Gegenstände aus einem Behälter nehmen und wieder hinein legen. Es handelt sich also um Gegenstände des täglichen Gebrauchs in der Familie. Der Umgang mit ihnen muss aber dem Kind gestattet und darf nicht verboten werden.

Umgebung mit wirklich nützlichen Dingen – Anregungsgegenstände auch für das Kleinstkind müssen einer didaktischen Forderung Montessoris entsprechen. Sie dürfen nicht vom »Zufall bestimmt« sein. Gemeint sind »einfache praktische Gegenstände«, deren Zweck es ist, der geistigen Entfaltung

Abb. 1: Schubladenkasten

des Kindes zu dienen. Konkret bedeutet dies: »Das Kind soll alles gebrauchen können, was zur Hauswirtschaft gehört« mit dem Ziel, die erforderlichen Aktivitäten wie sich waschen und anziehen, Staub wischen und kehren, Tisch decken und bedienen nach und nach auch ausüben zu können.

Im Rückgriff auf die geschilderten Handaktivitäten des einjährigen Kindes sei darauf verwiesen, dass es neuerdings didaktische Montessori-Materialien gibt, die gezielt diese Sensibilitäten fördern. Für die Hand des Kleinstkindes gibt es Kästen mit Schubladen, siehe Abb. 1, und Ablagen, die unterschiedliche Körper der verschiedensten Eigenschaften (Tastqualitäten) enthalten. Sie dienen neben der Förderung der Tastleidenschaft zum Teil auch der Augen-Hand-Koordination.

Im Alter der beschriebenen Handaktivitäten sind es noch nicht die Handlungsziele, die das kleine Kind antreiben. Es sind zunächst die »Tunsqualitäten« (Hansen), die die Dinge haben – das, was man mit ihnen alles machen kann. Es sind aber besonders die Tätigkeiten, die mit dem spezifischen

Abb. 2: Was kann man damit wohl machen?

Funktionieren eines Gebrauchsgegenstandes zu tun haben. Montessori nennt diese kindlichen Aktivitäten mit seiner Hand »elementare Handlungen«, die es gemäß seinen eigenen Zwecken durchführt. Elementare Handlungen, die noch nicht logisch motiviert sind, lassen sich bei Kindern bis zum dritten Lebensjahr beobachten.

Wenn frühkindliche Erzieher diesen Unterschied verstehen, dürfte die Entsprechung auf das geistige Bedürfnis des Kindes einfacher und leichter werden. Oft kommt es – so Montessori – »über die Dinge, die das Kind begehrt, jedoch nicht berühren darf, zum Krieg zwischen dem Kinde und dem Erwachsenen, und das hat dann meist zur Folge, dass das Kind mit ›Launen‹ reagiert. Dabei kommt es ihm gar nicht auf *dieses* Fläschchen, auf *dieses* Tintenfass an; es wäre restlos glücklich, gäbe man ihm andere Gegenstände in die Hand, die ihm dieselben Übungen ermöglichen.«

Abb. 3: Kleinkind-Anziehrahmen mit Reißverschluss

Abb. 4: Kleinkind-Anziehrahmen mit Knöpfen

Umgebung mit speziellen didaktischen Materialien – Für die Handaktivitäten des Kindes ab zwei Jahren hat Montessori spezifisches didaktisches Material entwickelt. Es ist bekannt unter der Bezeichnung »Sinnesmaterial«. Zur gezielten Förderung der Sensibilitäten des Kleinstkindes sind neuerdings ebenfalls Materialien aus dem Bereich des praktischen Lebens und der Sinneserziehung entwickelt worden. Sie lassen sich als eine Elementarisierung oder Abwandlung der Sinnesmaterialien für größere Kinder verstehen. Im Bereich der Übungen des praktischen Lebens wurden so genannte Anziehrahmen für das Kleinstkind vereinfacht – mental angepasst. Sie haben weiche Stoffe, etwas abgerundete Ecken und nur einige einfache Verschlussformen, wie in Abb. 3 und 4 zu sehen.

Als Vorläufer für die so genannten Einsatzzylinder, aus Holz und mit Knöpfen zum leichteren Anfassen versehen, gibt es Kästen mit einfachen farbigen Zylindern für kleinere Kinder (siehe Abb. 5). Sie dienen der Geschicklichkeitsförderung der Hand, der Auge-Hand-Koordination und ermöglichen einfache Farb- und Formsortierungsübungen. Dieses

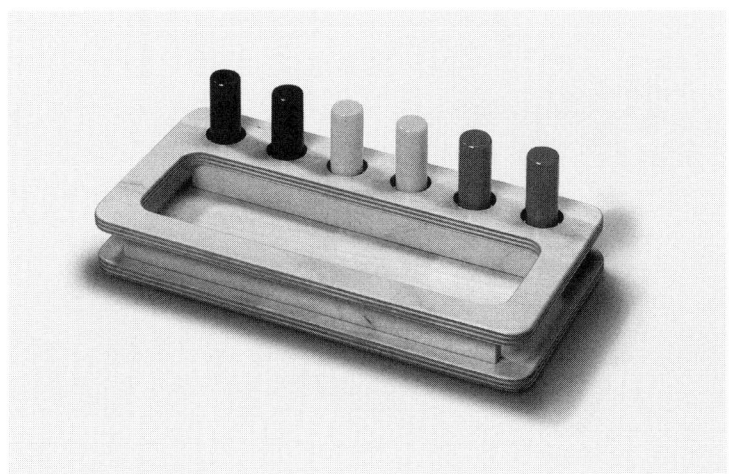

Abb. 5: Bunte Zylinder für kleinere Kinder

Sinnesmaterial bietet der tastenden, fühlenden und prüfenden Kinderhand isolierte Tastqualitäten der tastbaren Welt an.

So gibt es z. B. Materialien für die Erfahrung von weich und hart, von rau und glatt, von schwer oder leicht mit ihren jeweiligen Abstufungen. Besonderes Sinnesmaterial sind der so genannte Rosa Turm, bestehend aus zehn Holzwürfeln, deren Kantenlänge jeweils um einen Zentimeter zunimmt, und die Braune Treppe aus zehn Holzquadern. Damit lassen sich der tastenden Kinderhand Dimensionen der Erfahrung von groß und klein oder dick und dünn vermitteln. Diese Materialien bieten außerdem die Erfahrung von leicht und schwer.

Die Bedeutung der erwähnten Einsatzzylinder (siehe Abb. 6) beschreibt Montessori in ihrem »Handbuch« von 1922. Sie hat sie für Kinder ab zweieinhalb Jahren entwickelt. Das Kind übt z. B. seine Hände, um den »Knopf des Zylinders mit den Fingerspitzen zu fassen«. Das Material dient

Abb. 6: Klassische Einsatzzylinder

dazu, »das Auge zu erziehen, damit es den Unterschied in der Ausdehnung erkenne«. Das Kind muss das richtige Loch zu dem Zylinder herausfinden, den es gerade in der Hand hält. »Die erzieherische Wirkung beruht darauf, dass die Kontrolle des Irrtums im Material selbst liegt und das Kind den handgreiflichen Beweis vor Augen hat«. Montessori beschreibt differenziert den »Vorgang der Selbsterziehung« des Kindes: Das Ziel des Umgangs mit den Einsatzzylindern ist ein inneres.

»Das Kind soll sich selbst im Beobachten üben; es soll dazu gebracht werden,

♦ die Gegenstände miteinander zu vergleichen,

♦ Urteile zu bilden,

♦ Schlüsse zu ziehen und

♦ zu entscheiden.«

Montessori verweist darauf, dass aus den Wiederholungen dieser Übungen »in der Aufmerksamkeit und in der Intelligenz« sich die Entwicklung des kindlichen Geistes vollzieht.

Grundriss der Montessori-Früherziehung

In der Ausübung von Beobachtung, Vergleich und Urteil legt es die Grundlage zu seiner Intelligenz.

Für dieselbe Periode – ab zweieinhalb Jahren – werden dem Kind weitere Tastübungen angeboten. Unter den Materialien »muss sich ein kleines rechteckiges Brett befinden, dessen Oberfläche in zwei Teile geteilt ist, ein raues und ein glattes«. Das Kind kann seine »weichen, vollen Fingerspitzen so leicht wie möglich über die beiden verschiedenen Oberflächen« führen, um ihren Unterschied zu erkennen. »Die zarte, hin und her gleitende Bewegung der schwebenden Hand, die in leichte Berührung mit der Oberfläche gebracht wird, ist eine ausgezeichnete Kontrollübung.« Montessori nennt diese Übung mit dem Tastbrettchen den »ersten Schritt zur Erziehung des Gefühlssinnes« (Tastsinn), von der sie sagt, dass sie in ihrer Methode einen so wichtigen Platz einnimmt. Durch diese Übungen vervollkommnet das Kind sowohl seine Fähigkeit zur Wahrnehmung fühlbarer Unterschiede, als auch seine Bewegung insgesamt.

Aufbauend auf das Material des Tastbrettes wird z. B. eine Reihe von Stoffen angeboten – »Samt, Satin, Seide, Wolle, Baumwolle, grobes und feines Linnen«. Das Kind kann damit eine neue Bewegung erwerben. »Galt es vorher zu berühren, so muss es jetzt die Stoffe befühlen, was je nach dem Grade der Feinheit oder Reinheit, vom groben Linnen bis zur feinen Seide, entsprechend kräftige oder zarte Bewegungen erfordert.« Da diese Übung für das Kind sehr anziehend ist, wird es in seiner Umgebung ähnliche Erfahrungen suchen. Es wendet sein Wissen darin an.

Über die tastende Hand vermitteln die genannten Tastqualitäten dem Kind Begriffe und eine Vorstellung von Ordnung. Klassifizieren und Ordnen sind neben dem Unterscheiden und Urteilen weitere Funktionen der Intelligenz, die sich auf der taktilen Ebene bereits entwickeln. Dieser ganze Vorgang stellt einen frühkindlichen selbstständigen Bildungsgang dar, der den Bedürfnissen des Kindes entgegen kommt und ihm Freude und Zufriedenheit bereitet. Neben dem Erwerb der genannten Intelligenzfunktionen erwirbt das Kind mit den bereits beschriebenen Materialien auf taktilem Wege auch das Verständnis für die Begriffe der Tastqualitäten – hart-weich, rau-glatt, dick-dünn. Damit wird die sensorische Basis für die sich entwickelnde Sprachfunktion auf- und ausgebaut. In den vorstehenden Darlegungen dürfte auch das Wirken und die Wirkweise der frühen Sensibilitäten für Ordnung, Bewegung und Sprache erkennbar geworden sein.

Umgebung mit angepassten Gegenständen – Generell gilt es, so Montessori, für das aktive Kind eine Umgebung zu schaffen, die der Größe, den Kräften und den psychischen Fähigkeiten der Kinder entspricht. Das Mobiliar soll proportional angepasst, hell und leicht sein, damit das Kind damit hantieren kann. Die Gegenstände des täglichen oder häuslichen Lebens sollen ebenfalls der Größe und Hand des Kindes entsprechen und das Kind zum Tun mit ihnen anregen – etwa kleine Besen, bunte kleine Staubtücher, zerbrechliche Gegenstände wie Gläser, Teller, Vasen. »Das Kind soll alles gebrauchen können, was zur Hauswirtschaft gehört.« Solche Gegenstände des alltäglichen Gebrauchs – die wirklich nützlichen Dinge – müssen den Maßen und körperlichen Kräften des Kindes angepasst sein. In ihrem »Handbuch« von 1928 stellt Montessori einige Kriterien zu diesem Aspekt der Umgebung heraus.

♦ Wie im Hinblick auf Ausmaß und Gewicht der Möbel sollte auch bei deren äußeren Beschaffenheit Rücksicht auf das Kind genommen werden. Einrichtungsgegenstände sollen einfach – ohne Zierrat – sein, damit das

Kind nicht die Lust am Säubern verliert. »Deshalb muss Einfachheit herrschen in allem, womit die kleinen Hände sich zu schaffen machen sollen.«

♦ Diesem Prinzip schließt Montessori ein weiteres an: »Mit Einfachheit ist nicht Nüchternheit gemeint. Im Gegenteil: auf Schönheit, auf lichte Farben muss Wert gelegt werden.«

♦ Ein drittes Prinzip wird genannt: Die Umgebung muss die Feststellung eines Fehlers erlauben. Das leichte Stühlchen, das hinfällt; die Vase, die durch Unachtsamkeit zerbricht; der Fleck auf einer blanken Fläche – all dies »kann eine Stimme bedeuten, die mahnend auf eine Nachlässigkeit, einen Fehler hinweist.«

Dem Bedürfnis des Kindes entsprechen, allein zu essen: »Allein, ohne fremde Hilfe handeln zu können, das ist Unabhängigkeit.« Diese Unabhängigkeit ist bereits eine primäre Form von Freiheit. Montessori konkretisiert die Unabhängigkeit mit dem Bedürfnis des Kindes, das gegen Ende des ersten Lebensjahres danach strebt, sich selbst zu bedienen und allein zu essen. Sie sieht in dieser sensiblen Zeit des Kindes »eine große mütterliche (elterliche) Aufgabe, die viel Geduld und Liebe erfordert: die Mutter muss gleichzeitig Körper und Geist nähren, aber den Geist vor allem. Sie muss ihre gewiss sehr lobenswerten Ansichten über Reinlichkeit zeitweise zurückstellen, denn sie haben in diesem Fall nur einen äußerlichen Wert.« Das Kind, das anfängt, allein zu essen, kann dies noch nicht gut und macht sich daher schmutzig. »Nun gut, dann ist die Reinlichkeit das Opfer, das man diesem begründeten Streben nach Betätigung bringt. Im Laufe seiner Entwicklung wird das Kind seine Bewegungen vervollkommnen und so auch essen lernen, ohne sich zu beschmutzen. Die so erworbene Reinlichkeit stellt einen wirklichen Fortschritt, einen Triumph des kindlichen Geistes dar.«

Die Entsprechung des geistigen Bedürfnisses nach Unabhängigkeit im Essen setzt ebenfalls eine Umschichtung in der Wertung von kindlichen Verhaltensweisen voraus – so dass Gegenstände weniger wichtig werden, als der Erwerb von Selbstständigkeit, dass Reinlichkeit weniger wichtig ist als Unabhängigkeit. Montessori nennt aber auch noch eine spezielle Hilfe durch Erwachsene: »Es ist so einfach, einem kleinen Kind die Handlungen des täglichen Lebens in einfachen, ruhigen Bewegungen vorzumachen, und der Erfolg wird sein, dass das Kind im frühesten Alter allein isst, sich allein wäscht, sich allein anzieht und ein glücklicher und zufriedener Mensch wird.«

In diesem Zusammenhang verweist Montessori auf den natürlichen Nachahmungstrieb des Kindes. »Das Kind versucht, mit denselben Gegenständen dasselbe zu tun, was es bei den Erwachsenen gesehen hat.« Es will die Stube fegen, Geschirr oder Wäsche waschen, sich frisieren, sich ankleiden. Um sich solchen Aktivitäten zuzuwenden, ist es erforderlich, dass die Umgebung die wirklich nützlichen Dinge des alltäglichen Lebens enthält. Der bereits erwähnte Psychologe Le Camus gibt einen aufschlussreichen Hinweis zur didaktischen Rolle des Vaters in der Früherziehung. Seine Teilnahme an der Hausarbeit bietet ihm einerseits die »physische Präsenz« beim Kind. Sie bietet ihm gleichzeitig die Chance, sein hohes Anregungspotential zu kindlichen Aktivitäten über den Vollzug der täglichen häuslichen Arbeiten bildungswirksam einzubringen.

Le Camus hat in seinen Untersuchungen der Eltern-Kind-Beziehung in der Babyphase insbesondere das Bindungsverhalten des Vaters zum Kind beobachtet und untersucht. In diesem Zusammenhang hat er sich mit der »didaktischen Rolle« und dem »pädagogischen Stil« des Vaters befasst. Er unterscheidet die elterlichen Kommunikationsweisen mit Babys zwischen drei und fünf Monaten und spricht von »visuellen Müttern und taktilen Vätern«. Mütter bevorzugen die visuelle Stimulation, die regulierend wirkt, Väter die taktile und kinästhetische Stimulation, die anregend ist. Le Camus beobachtete in der frühen Entwicklungszeit des Kindes eine ganze Reihe von unterschiedlichen didaktischen Verhaltensweisen der Eltern.

Aus den Ergebnissen seiner Untersuchungen erscheint für den Zusammenhang dieses Buches seine Schlussfolgerung wichtig: »Alles sieht danach aus, als ob die anregende Wirkung der Väter derjenigen der Mütter überlegen ist, anders gesagt, als sei das Kind im Bereich der Anregung aufgeschlossener gegenüber dem Vater als der Mutter.« In einer Verhaltensdifferenzierung spricht er von »bestärkender Mutter« und »anregendem Vater« bei Voraussetzung einer sicheren Bindung an beide. Neben der festgestellten stärkeren Anregungsfunktion des Vaters machte Le Camus eine weitere Beobachtung: Väter sehen Babys eher als eigenständige Personen als die Mütter. Bei Babys von neun Monaten legten Väter mehr Wert auf das selbstständige Verhalten des Kindes als die Mütter. Le Camus spricht deshalb von der »dynamisierenden Haltung des Vaters«.

Der Neigung zu Gleichgewichtsübungen und Kraftanwendung entsprechen: Im Alter von eineinhalb Jahren bildet sich ein Verhältnis zwischen den Händen und dem Gleichgewicht heraus. Der eigentliche Erwerb der Funktion eines »Ganges im Gleichgewicht« – die Gehfunktion und mit ihr die Gleichgewichtserhaltung – entwickelt sich nur durch das Gehen. »Das Kind geht, um seine Gehfunktion zu entwickeln und sein Zweck liegt somit im Gehen.«

Die sensible Unterstützung beim Erwerb der Gehfunktion erläutert Montessori an zwei beobachteten Beispielen: einem kindlichen Spaziergang mit einer Kinderpflegerin, bei dem das Kind sich der Gangart der Pflegerin anpassen muss, und einem japanischen Vater, der sein Kind spazieren führt. Letzterer passte sich dem Gehrhythmus des Kindes an und ging auf seine vielen Nebenaktivitäten ein. »Er war einfach ein Vater, der seinen Jungen spazieren führte.« Das Kind möchte einfach laufen »und da seine Beine in keinem Verhältnis zu den unseren stehen, darf nicht das Kind uns, sondern wir müssen ihm folgen«. Dabei sollte der begleitende Erzieher das laufende Kind als einen Forscher betrachten.

Montessori greift eine weitere Beobachtung auf, die bei eineinhalbjährigen Kindern sowohl bei der Entwicklung der Hände als auch der Füße gemacht wurden: die Kraft. »Das Kind, das sich Geschicklichkeit und Wendigkeit angeeignet hat, fühlt sich stark. Seine erste Regung ist, alles was es tut, nicht einfach auszuführen, sondern mit größtem Kraftaufwand zu tun.« Das Kind möchte, statt einfach zu laufen, lange Spaziergänge machen und schwere Lasten tragen. »Die Hand, die gelernt hat, zuzugreifen, muss sich im Halten und Tragen von Gewichten üben.« Im Allgemeinen reagieren Erwachsene auf entsprechende Situationen, indem sie das Kind von Gewicht befreien wollen. Darin zeigt sich der Schwierigkeitsgrad der von Montessori geforderten erzieherischen Haltung – die eigene Aktivität zugunsten der kindlichen Aktivität zurückzunehmen.

Das Kind von eineinhalb Jahren zeigt eine weitere Neigung – das Gesetz der Schwerkraft zu durchbrechen und zu überwinden. »Das Kind klettert gern, und dazu muss es sich mit der Hand an etwas festklammern und hochziehen«. Kraftübungen dieser Art dauern eine lange Periode hindurch, in der das Kind mit Aktivitäten beschäftigt ist, an denen sich Hand und Geist beteiligen, und die von der Intelligenz geleitet werden. Unter einem didaktischen Aspekt verweist Montessori darauf, dass es in besonderen »Schulen« (= Einrichtungen) schon für ein- bis eineinhalbjährige Kinder Baumhäuschen mit Leitern zum Auf- und Absteigen gibt. »Das winzige Häuschen ist nicht zum Wohnen gedacht, sondern es soll einen Mittelpunkt des Interesses für die Klettertätigkeit zur Verfügung stellen.« Montessori sagt in diesem Zusammenhang vom Verhalten des Erwachsenen, dass er den Bedürfnissen des Kindes entgegen kommen, sich dessen Notwendigkeiten anpassen und auf die eigenen Wünsche verzichten müsse. Angesichts des Erwerbs der Gehfunktion, der überschüssigen Kraftanwendung und der Kletterneigung des kleinen Kindes bieten sich im Blick auf das Erzieherverhalten einige Reflexionen an.

- Als erstes gilt es, die eigene Routiniertheit im Gehen mit Kindern zu erkennen und darauf zu verzichten, d. h. nicht schnell ein Wegziel erreichen wollen, sondern das Gehen als Zweck des Gehens zu sehen. Das erfordert Einsatz von Zeit und Geduld.
- Eine zweite Reflexion bezieht sich auf die Kraftökonomie im Erwachsenenverhalten, mit dem geringsten Kraftaufwand eine Handlung durchzuführen. Für das Kind jedoch ist der Einsatz von möglichst viel Kraft interessant und nicht der unmittelbare Zweck der Handlung.
- Eine dritte Konsequenz bezieht sich auf die Rücknahme der Angst der Eltern und Erzieher um das Leben und die Gesundheit des Kindes, wenn seine Kletterneigung erwacht.

Alle drei Reflexionsnotwendigkeiten setzen ein Interesse am Kind und am Erwerb seiner wichtigsten Funktionen voraus. Sie erfordern zu allererst die teilnehmende Beobachtung des Kindes in seinen unterschiedlichen Aktivitäten. Sie fordern auch eigene Überlegungen, wie dem Kinde in diesen Aktivitäten angemessen geholfen werden kann. Dabei gilt es, eine wichtige Forderung Montessoris zu beachten: Der Erwachsene muss sein Einschreiten begrenzen. »Dem Kind muss geholfen werden, wo das Bedürfnis nach Hilfe da ist. Doch schon ein Zuviel dieser Hilfe stört das Kind.« Es ist wichtig, dass der Erwachsene »die Grenzen begreift, innerhalb derer er pädagogisch handeln darf«.

Innerhalb der Früherziehung sieht Montessori aber auch die Notwendigkeit einer die Familie ergänzenden Frühförderung. Sie spricht von der erwähnten »Schule« (=Einrichtung) für ein- bis eineinhalbjährige Kinder. »Die neuen Kinderbetreuerinnen für Kinder von ein bis zwei Jahren müssen wissenschaftliche Kenntnisse über die Entwicklung« besitzen.

3.4 Dem Kind Freiheit geben – es ermutigen

Montessori fasst einmal die Bedeutung des Erwerbs der frühkindlichen Funktionen in den ersten Lebensjahren sehr plastisch zusammen: »Das ganze unbewusste Streben des Kindes geht dahin, sich durch die Loslösung vom Erwachsenen und durch Selbstständigkeit zur freien Persönlichkeit zu entwickeln ... Wir sehen klar die Abschnitte der Befreiung des Kindes vom Erwachsenen: die Zähne geben ihm die Möglichkeit, sich unabhängig von der Mutter ernähren zu können, das Laufen bedeutet, ohne Hilfe des Erwachsenen sich fortbewegen zu können und das Sprechen ist der Anfang, sich mitteilen zu können und nicht mehr von der Auslegung seiner Wünsche durch den Erwachsenen abhängig zu sein.«

Die Aufgabe des Erziehers liegt darin, das Kind in diesen Entwicklungsschritten durch eine bedachte und liebevolle Anteilnahme zu begleiten. »Sobald das Kind die Unabhängigkeit der Funktionen erreicht hat, wird der Erwachsene, der ihm weiterhelfen möchte, ein Hindernis.« Um die Unabhängigkeit der Funktionen zu erwerben, muss das Kind selbst gehen, selbst seine Kraft einsetzen und selbst seine Intelligenz entwickeln, indem es selbst Erfahrungen sammelt.

Alle erzieherische Hilfe kann deshalb nur Hilfe zur Selbsthilfe sein. Dem Kind aber muss die Freiheit zum eigenen Handeln, zum Selbsttun gewährt werden. Montessori verweist dabei aber auf ein Prinzip im Verständnis dieser erzieherischen Freigabe: »Die Freiheit des Kindes kann nicht darin bestehen, dass wir es ›sich selbst überlassen‹, es vernachlässigen. Nicht durch gleichgültige Untätigkeiten helfen wir der kindlichen Seele bei allen Schwierigkeiten ihrer Entwicklung, sondern durch die bedachte Anteilnahme einer liebevollen Fürsorge.«

Im Rahmen der bisherigen Ausführungen dürfte schon erkennbar geworden sein, dass in den Handaktivitäten die Entwicklung der Sprachfunktion sich mit andeutet. Im Zusammenhang mit dem Tasten der Hand werden Erfahrungen mit Eigenschaften – Tastqualitäten – genannt, die auf der taktil-motorischen Ebene die Begriffsbildung, genauer, das Begriffsverständnis, vorbereiten. Das Kind, das mit neun oder zehn Monaten auf Personen oder Gegenstände zeigt, teilt etwas mit. Es sagt mit einer Gebärde etwas, für das ihm noch die Worte fehlen. Es muss zunächst durch einen Reifungsprozess seine Sprechwerkzeuge entwickeln, bevor es aussprechen kann, was es aufgrund seiner taktil-motorischen Erfahrungen bereits weiß.

Was wir als Erzieher wirklich tun müssen – so Montessori – ist, »unsere Grundhaltung gegenüber dem Kind zu ändern und es zu lieben mit einer Liebe, die an seine Personalität glaubt und daran, dass es gut ist; die nicht seine Fehler, sondern seine Tugenden sieht, die es nicht unterdrückt, sondern es ermutigt und ihm Freiheit gibt«. Dies ist der pädagogische Weg einer frühkindlichen Bildung und Erziehung, der vom Kinde ausgeht. Das Kind in seiner personalen Entwicklung ist damit der »pädagogische Bezugspunkt« frühkindlicher Förderung. Die Jugend- und Kultusminister-Konferenz hat die Basis der Bildungsintentionen für das Kind im Jahre 2004 ebenfalls so formuliert, als es um die Reform des Elementarbereichs ging.

Wichtig ist, dass die Erzieher die Kinderperspektive konsequent einnehmen und pädagogisch anwenden.

II. Förderung und Förderbereiche im Alter von 0–4 Jahren

Montessori fordert ausdrücklich eine kindliche Bildung von Geburt an. Mit dieser Forderung stellt sich die Frage, welche Voraussetzungen, Fähigkeiten und Neigungen das Kind dazu mitbringt. In einer Untersuchung wurde dieser Frage nachgegangen. Die Ergebnisse aus Montessoris Untersuchungen wurden dabei mit den Ergebnissen der derzeitigen internationalen Säuglingsforschung verglichen.

Montessori hat 1941 auf ein wissenschaftliches Ungenügen hingewiesen – die Tatsache, dass es sehr mühsam sei, »zu beschreiben, wie die Kinder ihre Enthüllungen (Erfahrungen und Entdeckungen) machen«, da keine passenden Termini dafür vorhanden seien. Für Montessori ergibt sich aus diesem Manko die Notwendigkeit wissenschaftlicher Forschungen als »neues Feld rings um das Kind«. In Wiederholung einer prinzipiellen Forderung aus dem Jahr 1923 spricht sie 1951 die Verantwortung des Erwachsenen an, »dem die Pflicht erwächst, mit aller wissenschaftlichen Gründlichkeit die seelischen Bedürfnisse des Kindes zu erforschen und ihm eine entsprechende Umwelt zu bereiten«.

Im Blick auf die frühe Säuglingszeit verweist Montessori auf die Notwendigkeit, dass über die naturgegebene Kombination von biologischem Wechselspiel und mütterlicher/elterlicher Intuition im Umgang mit dem Kind hinaus Information und Wissen sowie Reflexion des eigenen Verhaltens erforderlich sind. Wissenschaft »muss den Müttern (Eltern) dieses Wissen vermitteln, damit sie von Geburt an den geistigen Bedürfnissen des Kindes bewusst gerecht werden können«.

1. Das Kind auf der Suche nach Lernchancen

Der Säuglingsforscher Daniel Stern beobachtete eine beim Säugling von Geburt an gegebene »Suche nach Lernchancen«, für die es viele beobachtbare Tendenzen und Neigungen gibt.

1.1 Die Suche nach Lernchancen und die Ausstattung des Neugeborenen

Die vergleichende Untersuchung zwischen Montessoris Annahmen und internationalen empirischen Beobachtungsergebnissen zeigen insgesamt ein hohes Maß an Eigenaktivität des Kindes im Rahmen seiner frühen Persönlichkeitsbildung, mit dem es auf die Welt kommt. Kindliche Bildung beginnt also – mindestens – von Geburt an. Die Frage, welche geistigen Tendenzen und Fähigkeiten das Kind bei seiner Geburt mitbringt, lässt sich mit der Tabelle auf der gegenüberliegenden Seite gut beantworten und darstellen.

Die umschriebenen Tendenzen und Fähigkeiten des Kindes von Geburt an stellen zusammengenommen die Interessen und Inhalte der frühkindlichen »Suche nach Lernchancen« dar, für die die komplexe soziale, dingliche und geistige Umwelt Antworten, Angebote und Motive bereithalten muss.

1.2 Übung und Konzentration

Sterns Formulierung einer frühkindlichen Suche nach Lernchancen liest sich bei Montessori so: Das Kind sucht sich von Geburt an zu üben, »denn sich üben heißt sich entwickeln« und fehlende Übung bewirkt »fast eine Art Stillstand in der Entwicklung des Kindes«. Das Kind muss daher die Freiheit

Geistige Ausstattung des Neugeborenen bei Montessori und Stern

Montessori	Stern
♦ aktive Suche nach Reizen und Sinneseindrücken – wie ein tatkräftiger Forscher = kindliche Arbeit	♦ Suche nach Lernchancen
	♦ aktive Reizaufsuche
♦ absorbierende Geistestätigkeit der unbewussten Intelligenz durch wählende Aktivitäten, gesteuert durch dominante Interessen der Sensibilitäts- oder Aktivitätszentren	♦ selektive Suche nach Reizen und deren Ordnung
	♦ Interessen und Vorlieben bei selektiver Reizsuche (Präferenzen und sensible Phasen)
♦ Bewegung – Ordnung – Sprache	♦ beobachtende Aufmerksamkeitsstrategien zur Informationsaufnahme
♦ beobachten – aufmerken – untersuchen = Verarbeitung	
♦ vergleichen – prüfen und ordnen, Orientierung und Erkennen von Beziehungen	♦ Streben nach Bildung und Prüfung von Hypothesen (Einschätzung des Begegnenden)
♦ speichern, erinnern und rekonstruieren über das vitale Gedächtnis (Mneme), lebendige und dynamische Gestaltungskraft	♦ beziehungsstiftende Fähigkeiten (Blicken und Kopfverhalten, Weinen und Lächeln), Lesen der Signale
♦ Fähigkeit zur Konstruktion der Einbildungskraft – Eigenarbeit an der Entwicklung des Geistes durch »spontane Kulturaneignung«	♦ Fähigkeit zum aktiv-regulativen Verkehr mit der Außenwelt, Realitätserleben und Realitätsprüfung
♦ Sensibilität des Herzens – Kind = Quelle der Liebe in der »zarten Konstruktion« zwischen Eltern und Kind	♦ Imitationsverhalten und amodale Wahrnehmung (Entsprechung zwischen Sehen und Tun)
♦ »Schaukraft der Liebe« – Eintauchen in Empfindungen und Gefühle, die Wahrnehmungen leiten und inspirieren	♦ Authentizitätsprüfung (Empathie und Abstimmung)
♦ Tendenz, sich in Beziehung zu Menschen und zur Menschheit zu setzen – Erwachsener = wichtigster »Gegenstand der kindlichen Liebe« (Modell)	♦ Repräsentationsbildung – Bilder von Menschen und der Welt hervorbringen – Erinnerung
♦ selektive Nachahmung – Verhaltensreproduktion in Mimikry und verzögerter Nachahmung	♦ Fähigkeit zu global-einheitlichem und nonverbalem Erleben, sensomotorisch und affektiv-sozial eingebettet

haben, die jeweils neuen Funktionen zu üben. Im Hinblick auf die Betreuung zu Beginn des Lebens verweist Montessori deshalb auf die Tatsache, dass die Umgebung gleich nach der Geburt am wichtigsten ist.

Übung: Generell gilt, dass das Kind kraft der Erfahrungen aus der Umgebung lernt. Das Kind, das andauernd lernt, hat das Bedürfnis, psychische Kräfte an praktischen Dingen zu üben. Den Gedanken weiterführend heißt es bei Montessori: »So, wie es keine intellektuelle Entwicklung ohne Übung gibt, gibt es auch keine Übung ohne einen Gegenstand, an dem man sich übt.« Daher ist es erforderlich, für die Umgebung des Kindes Entwicklungsmittel vorzubereiten, und dann das Kind frei lassen, damit es sich an diesen Mitteln entwickelt. Montessori stellt mit Nachdruck fest, dass es bei den kleinen Kindern nicht um die Vermittlung von Kenntnissen geht, sondern viel mehr um das Erwecken und Entfalten der geistigen Kräfte. An anderer Stelle sagt sie: »Nicht durch die Beobachtung der anderen kommt man selbst weiter, sondern einzig und allein durch unausgesetzte Übung.«

Montessori spricht mit Blick auf Eltern und Betreuer von der Notwendigkeit, die »tiefe Bedeutung der Wiederholung der Übung für das Kind« zu erkennen, zu beobachten und zu beachten, daran Anteil zu nehmen, denn wahre Hilfe »darf nicht beziehungslos und willkürlich sein. Sie muss eine Antwort auf die Bemühungen der kindlichen Seele sein«. Von den Übungen, den steten Wiederholungen, sagt Montessori, dass sie dem Kinde einerseits Befriedigung bringen, gleichzeitig aber auch tatsächliche Fertigkeiten vermitteln. »Wir sehen kleine Kinder, die sich wirklich an- und ausziehen können, Knöpfe zuschließen und Maschen binden, die tadellos Tisch decken und Teller und Gläser waschen können und nicht nur so tun. Der Überschuss der kindlichen Kräfte kommt auch darin zum Vorschein, dass das Kind seine neu erworbenen Fertigkeiten benutzt, um auch anderen zu helfen, die sie noch nicht erworben haben. Es knöpft dem kleineren Kind die Schürze zu, bindet seine kleinen Schuhe und eilig wischt es den Fußboden auf, wenn ein anderes Kind die Suppe verschüttete. Wäscht es Teller, so reinigt es das, was andere beschmutzten, deckt es den Tisch, so bereitet es das Wohlbehagen so vieler anderer vor, die sich nicht mit ihm die Arbeit geteilt haben. Und doch empfindet es diese Arbeit im Dienste anderer nicht als eine Mehranstrengung, die eine Belohnung verdient, nein, schon diese Anstrengung allein ist die Belohnung, nach der das Kind hungert.«

Konzentration – Sammlung und Versenkung: So sehr Montessori auch die Bildungswirkungen lebenspraktischer wie sozialer Art aus dem wiederholenden Üben der Kinder schätzt, so sehr stellt sie dennoch fest, dass alle diese Übungen nicht das Wesentliche sind. »Sie stehen nur am Anfang und bilden die weniger wichtige Seite der kindlichen Tätigkeit.« Die Übungen führen zu einem Zustand völliger Sammlung und tiefer Versenkung in das handelnde Tun des Kindes. Aus dem Phänomen der inneren Sammlung, aus dieser vollkommenen Konzentration und Versenkung kommen die großen Entdeckungen. (Gelehrsamkeit und Wissen sind nur Stufen dorthin.) Für Montessori war die Entdeckung von Sammlung und unstörbarer Konzentration an einem dreijährigen Kind, das mit Einsatzzylindern arbeitete, das Schlüsselerlebnis, das zur Entwicklung ihrer pädagogischen Konzeption führte.

Die Autorin nennt die Konzentration – die Sammlung und tiefe Versenkung des Kindes in den handelnden Umgang bei einer Übung oder mit einer Sache – die wesentliche Funktion seines Geistes. Den Komplex von Übung und tiefer Versenkung in die Übung, den das Kind quasi von Geburt an initiiert, bezeichnet sie als »gesammelte Arbeit«, aus der das Kind jeweils gefestigt hervorgeht. »Es ist, als ob für die Kräfte, die in ihrer (des Mädchens) Seele ruhten, ein Weg frei geworden wäre.«

Übung und Konzentration in ihrer Wechselwirkung sind also der Weg für die selbst initiierte Entwicklung und Bildung des kindlichen Geistes. Den beobachteten tätigen Komplex von Übung und Konzentration beschreibt Montessori als kindliche Arbeit im Sinne der Wahrnehmung seiner entwicklungspädagogischen Aufgabe. Interessanterweise hat die Säuglingsforschung die Fähigkeit der Konzentration im frühen Kindesalter herausgefunden. Sie deutet sich – wie schon erwähnt – in den Beobachtungen und Aufmerksamkeitsstrategien des Kindes in den »Phasen der wachen Inaktivität« bereits an. Mit drei Monaten kann der Säugling sich bis zu 15 Minuten konzentrieren und die Reizeingaben kontrollieren, überwachen und auswählen.

Wichtig für die Motivierung frühkindlicher Übungs- und Konzentrationsvorgänge ist Montessoris Beobachtung, dass – je jünger das Kind, umso dringlicher – Sammlung und Konzentration an konkrete praktische Übungen und Dinge rückgebunden sind: greifbar und praktikabel ist das erste Kriterium für ihr Zustandekommen. Es ist notwendig, der kindlichen Aktivität greifbare Dinge zu geben, an denen das Kind sich üben kann.

1.3 Die Bildungsmotive in der Umgebung

In der Einführung in ihr Spätwerk über die ersten beiden Lebensjahre – »Das kreative Kind« – spricht Montessori von der Aufgabe der Erwachsenen, der Erzieher, die darin besteht,

»eine Serie von Motiven zur Bildungsaktivität in einer eigens vorbereiteten Umgebung« anzubieten.

Damit tut sich die Frage auf, was Motive für die Bildungsaktivitäten sind.

1.3.1 Motive und Bedürfnisse – was sind sie?

In einem psychologisch-philosophischen Verständnis hat ein Motiv einen bewegenden und anregenden Charakter, eine Wirkung von bewusster oder unbewusster, sensomotorischer, affektiv-sozialer oder kognitiver Art. Ein Motiv ist ein Antrieb, Beweggrund oder ein Leitgedanke, in einer bestimmten Weise oder Richtung handelnd tätig zu werden. Es hat also einen Aufforderungscharakter zum Handeln – hier in einer bildungswirksamen Absicht und Richtung: – der Aneignung von Bildung und Kultur. Motive für Bildungsaktivitäten können von unterschiedlichem Charakter sein. Sie beziehen sich auf menschliche Verhaltensweisen ebenso wie auf unterschiedliche Gegenstände oder Kulturinhalte wie Sprache, Lesen, Schreiben.

Generell ist es notwendig – so Montessori wie erwähnt –, der kindlichen Aktivität greifbare Dinge zu bieten. »Wir dürfen dem Kind beim Gehen nicht helfen, und wenn seine Hand Beschäftigung sucht, müssen wir ihm Beweggründe zum Handeln und es zur Eroberung von immer größerer Unabhängigkeit fortschreiten lassen.« Als generelle Bedürfnisse des frühen Alters nennt Montessori die kindlichen Sensibilitäten von Beobachtung (durch das Kind!), Bewegung, Ordnung und Sprache. In der frühen Schrift von 1923, »Das Kind in der Familie«, differenziert sie anhand vielfacher Beobachtungsfälle – kleiner Fallstudien – diese verschiedenen Sensibilitäten oder Aktivitätszentren im Blick auf sensomotorische, affektiv-soziale oder kognitive und kulturelle kindliche Entwicklungsbereiche. Die frühkindliche Suche nach Lernchancen richtet sich auf alle Entwicklungsbereiche seiner sich bildenden Persönlichkeit. Diese stellen damit bildungsbedeutsame Stationen dar und werden zu didaktischen (inhaltlichen) Situationen im frühkindlichen Alltagsleben. In ihrer Beobachtung und fördernden Unterstützung durch Erzieher vollzieht sich die komplexe frühkindliche Bildung. Folgende differenzierte Neigungen und pädagogische Situationen treten entwicklungsbedingt auf.

a) sensomotorisch-physiologische Bedürfnisse des Kindes:

♦ sich bewegen, seine Bewegungen koordinieren
♦ die Funktionen seiner Hand erwerben
♦ sich fortbewegen, sich erheben, sich im Gleichgewicht halten und gehen
♦ allein essen und trinken
♦ schlafen und
♦ mit seinen Ausscheidungen umgehen lernen.

b) kognitiv-affektive Bedürfnisse:

»Das Kind muss Erfahrungen über alle Dinge seiner Umwelt sammeln.«

♦ Es sammelt Bilder von der Welt, untersucht und prüft sie.
♦ Es tendiert zu Arbeit und Ordnung.
♦ Es hegt Liebe für die Dinge in seiner Umgebung.
♦ Es hat eine Vorliebe für schöne und gebrauchsfähige Dinge.
♦ Es hat den Wunsch, »ordentlich« zu essen.
♦ Es möchte sich allein anziehen.
♦ Es möchte tun, was es sieht.
♦ Es möchte an den Handlungen der Erwachsenen teilnehmen.

c) sozial-affektive und kulturelle Bedürfnisse:

Das Kind muss »die Beziehungen des Menschen zu seinesgleichen« finden, also soziale und affektive Umgangserfahrungen verarbeiten und bewältigen. Dazu zählen:

♦ die Umgangserfahrung mit Aufrichtigkeit und Lüge
♦ die Umgangserfahrung mit dem eigenen Drang nach Aktivität und deren Verwehrung durch Erwachsene
♦ die Umgangserfahrung mit Moral und Unvollkommenheit
♦ die Umgangserfahrung mit seinen psycho-physischen Zuständen von Tränen, Schmerzen und Unverständnis
♦ die Umgangserfahrung und -verarbeitung mit seiner Zärtlichkeit
♦ die Erfahrungsverarbeitung des Umgangs der Menschen miteinander
♦ die Verarbeitung des Umgangs mit den eigenen Fehlern und mit eigenen Eroberungen.

Mit dem Blick auf die genannten kindlichen Entwicklungsaufgaben verweist Montessori auf Schwierigkeitsgrade und die Notwendigkeit der Übung. »Gehen und Sprechen sind sehr schwierige Dinge. Nur durch lange Bemühungen lernt das Kind seinen noch so unbeholfenen Körper mit den kurzen Beinchen und dem zu großen Kopf im Gleichgewicht halten. Ebenso ist die Sprache ein schwieriges und kompliziertes Ausdrucksmittel. Die Anstrengungen, die zu diesen beiden Erwerbungen führen, können nicht die ersten im Leben des Kindes sein. Der Intellekt und der Bewegungssinn des Kindes muss zuvor einen langen Weg zurückgelegt haben, von dem Sprache und aufrechter Gang nur einzelne wahrnehmbare Stationen sind. Doch auch der Weg, der vor diesen Punkten liegt, verdient unser vollstes Interesse. Das Kind entwickelt sich von Natur aus, das ist wahr, aber eben deswegen bedarf es der Übung.«

1.3.2 Die ersten drei Lernphasen von 0–4 Jahren

Aufgrund der frühkindlichen Interaktions- und Selbstentwicklung soll für die Zeit von 0–4 Jahren eine Grobeinteilung in »Lernphasen« vorgenommen werden, d. h. je ein bzw. zwei Lebensjahre als Phase, wobei zu beachten ist, dass es sich nicht um definitive, festliegende und genaue Zeitangaben handeln kann. Es gibt vielmehr Überschneidungen. Die einzelnen Phasen sind durch ihre Dominanzen ausgewiesen.

Die »erste Lernphase« des Säuglings – das 1. Lebensjahr: Von diesen Lernphasen im ersten halben Lebensjahr speziell und dem ganzen ersten Lebensjahr generell sagt der Säuglingsforscher Stern, dass ihr Gegenstand die Menschenwelt ist und dass das Kleinkind über die Menschenwelt und mit ihr interagiert.

Die Suche nach Lernchancen und die Menschenwelt – Hier geht es um die wechselseitige Gestaltung des aktiv-regulativen Verkehrs von Kind und Betreuungsperson, des Umgangs miteinander. In dieser Lernphase ist das Kind primär für Menschen, ihre Gestalt und Handlungen, offen. Sein Lernfeld ist der wechselseitige aktiv-regulative Verkehr mit der Außenwelt, speziell den frühen Bezugspersonen: Eltern, Betreuer, Erzieher. Es handelt sich sowohl um physiologische als auch um affektiv-soziale Regulationen. Sie betreffen vor allem Schlaf, Hunger, Durst und Reinlichkeit sowie die Art und Weise, wie sozial-affektiv damit umgegangen wird. Es handelt sich also um die Gestaltung der genannten sozial-affektiven und kulturellen Bedürfnisse der kindlichen Frühzeit, aus denen die frühen Erfahrungen und eigenen kindlichen »Entwürfe« und Modelle des menschlichen Verhaltens entstehen. Sie werden in der frühesten Kindheit erarbeitet und biografisch grundgelegt.

Aus dem aktiv-regulativen Verkehr gewinnt das Kind ein reiches Erfahrungswissen über sich selbst und den es regulierenden Anderen. Entscheidend aber ist die Art und Weise, wie die wechselseitige Regulation geschieht, gestaltet wird – ob »am oder mit« dem Säugling z. B. physiologisch reguliert verfahren wird. Aus der Qualität des gegenseitigen Regulierens – der Art und Weise – bezieht der Säugling die erste Auskunft darüber, ob er als Subjekt oder nur als Objekt des regulierenden Handelns, d. h. als Mensch oder als Gegenstand betrachtet und verstanden und dementsprechend behandelt wird.

Von besonderer Bedeutung für den Säugling im ersten Lebensjahr ist das aufgabenfreie soziale Spiel. Es handelt sich um Sekundenspiele, die ohne Gegenstände und Spielregeln erfolgen, damit Erwachsener und Kind Freude aneinander haben. Die Struktur dieser frühen Interaktionsform bietet dem Kind die Erfahrung eines notwendigen Grundmusters aller späteren positiven Beziehungen zwischen Menschen. Als Strukturmerkmale einer Spielperiode nennt Stern:

♦ die Einleitungs- oder Grußsignale
♦ die Engagementsepisode – das fluktuierende eigentliche Spiel
♦ eine Pausenepisode – eine Art Nachregulierungseinheit in der Steuerung der Interaktion und
♦ die Wiederholungssequenz.

Die eigentliche Bildungswirkung liegt für Stern in der Wiederholungssequenz, in der die Betreuungsperson jeden Aspekt menschlichen Kommunikations- und Ausdruckverhaltens noch einmal darbieten und in leicht abgewandelter Form präsentieren kann.

In der zweiten Hälfte der ersten Lernphase – nach Stern die »Welt der direkten Kontakte« – tritt vom Bedürfnis des Kindes her zur Menschenwelt die dingliche Objektwelt hinzu. Durch die Entwicklung der Hand und der Hand-Auge-Koordination kann und möchte das Kind mit Objekten manipulieren und als »Handelnder« auf sie Einfluss nehmen. Es nimmt sich darin als Handelnder wahr, der in der Welt etwas bewirken kann. Gegenstände, die zu Bildungsmotiven werden, bestimmen von nun an die kindliche Suche nach Lernchancen mit. Auf entsprechende didaktische gegenständliche Motive wird im Rahmen der folgenden sensomotorischen Entwicklung näher eingegangen.

Die Suche nach Lernchancen und die sensomotorische Entwicklung – Montessori hat in ihrem Buch »Das kreative Kind« (1949) eine Zeitleiste der kindlichen Bewegungsentwicklung erstellt. Sie zeigt sehr differenziert, wie sich in der ersten Lernphase, dem ersten Lebensjahr, in Verbindung mit der Gehirnentwicklung die elementaren Funktionen von Hand und aufrechtem Gang entwickeln. Die Amerikanerin F. Lillard hat in ihrem Werk »Montessori from the Start« eine etwas abgewandelte und visualisierende Zeitleiste der psychomotorischen Entwicklung des Kindes erstellt, die der Zeitleiste Montessoris entspricht. In dieser Zeitleiste hat die Autorin – dem jeweiligen Stand der kindlichen Entwicklung entsprechend (angepasst) – eine bildliche Zuordnung von Übungen oder Anregungsgegenständen vorgenommen. Es handelt sich um »Serien von Motiven für Bildungsaktivitäten« des Kindes, wie Montessori sie fordert:

- Mobiles mit einzelnen Formen oder Klangstäben
- Melodien
- Rollen für das manipulative Greifen
- eingegrenzte Ruheflächen
- Sitzvorrichtungen
- Krabbelflächen
- an der Wand befestigte Laufstangen
- Teppich-Oasen
- Gegenstände für das Hin- und Herbewegen, Öffnen und Schließen
- erste einfache Infant-Toddler-Materialien.

In der »ersten Lernphase«, dem Lernen über die Menschenwelt, zeigt sich Sterns Beobachtung, dass Gefühle und Affekte das primäre Medium sind, in das die komplexe sensomotorisch-psychische sowie die geistige Entwicklung des Kindes eingebettet ist. Montessori spricht vom eintauchen in das »soziale Leben«. Sie nennt Gefühle Koeffizienten (Mitbewirkende) im Prozess der menschlichen Wesensentfaltung und verweist darauf, dass die Entwicklung und Bildung der kindlichen Intelligenz im Alter von 0–4 Jahren generell eingebettet ist in Empfindung und Gefühl.

Die »zweite Lernphase« des Kleinkindes – das 2. Lebensjahr:
Stern charakterisiert diese Zeit als ein beginnendes Leben des Kindes in der Welt der Gedanken und der Wörter. Das Kind kann sich mit eigenen Wünschen und Absichten befassen und sie zu realisieren suchen. Das Lesen der Signale (Gestik, Mimik) ermöglicht ihm das Verstehen von Bedeutungen und das Gehen eröffnet ihm neue Raumperspektiven sowie emotionale Distanz – sich von seinen Bezugspersonen sukzessive körperlich wie räumlich zu entfernen. In ihrer Zeitleiste der

psychomotorischen Entwicklung des Kindes im zweiten Lebensjahr weist Montessori »Aktivitätszyklen« aus im Bereich des selbstständigen Laufens, der maximalen Kraftanstrengung (Tragen, Klettern, Stufensteigen), konzentrierte Handaktivitäten (koordinierte Übungen mit der Hand), durchdachte und zweckgerichtete Handlungen als nachahmende Tätigkeiten.

Lillard fügt für diese Phase weitere Infant-Toddler-Materialien visualisierend in ihre Zeitliste ein. Außerdem veranschaulicht sie – als »Serien von Motiven« für die frühkindlichen Bildungsaktivitäten – Gegenstände, Situationen und Handlungen aus den von Montessori entwickelten Übungen des praktischen Lebens:

♦ Pflege der eigenen Person (Körperpflege, anziehen, essen)
♦ Pflege der Umgebung (aufräumen und ordnen, Tisch decken, waschen und putzen)

Didaktische Hilfen für diese Übungen bieten Knüpfrähmchen, Angebote zum exakten Schütten und Gießen, Möglichkeiten zur Tier- und Blumenpflege, bildliche Angebote zum Erkennen und Wiedererkennen von Gegenständen.

In ihrem Handbuch nennt Montessori die dominante didaktische Intention für diese zweite Lernphase die »Erziehung der Muskeln«: Bewegung, Bewegungskoordination und Bewegungsvervollkommnung – etwa das Gehen auf der Linie, die Stille- oder Schweigeübungen. Als didaktische Anregungen oder Motive für kindliche Bildungsaktivitäten dienen die »Übungen des praktischen Lebens«, die sie entwicklungspädagogisch-didaktisch als die ersten bezeichnet. In den beschriebenen Übungen lernen die Kinder, »sich zu bewegen, ohne die Dinge umzustoßen, Gegenstände zu tragen, ohne sie zu zerbrechen, zu essen, ohne sich zu beschmutzen, sich die Hände zu waschen, ohne die Kleider nass zu machen«. Als Motive bzw. »Serien von Motiven« zur Bewegungserziehung nennt Montessori didaktische Übungen und Gegenstände:

♦ Knüpfrahmen
♦ ein Schloss schließen und öffnen
♦ ein Buch richtig aufschlagen
♦ gehen und laufen ohne anzustoßen
♦ Erwerb von gesellschaftlichen Handlungen
♦ Grüßen
♦ heruntergefallene Gegenstände aufheben und anderen reichen
♦ vermeiden, jemandem vor die Füße zu laufen
♦ den Vortritt lassen
♦ eine Linie auf dem Boden als Bedingung für die Vervollkommnung von Gleichgewicht und Gehen
♦ gleichzeitige Übungen auf der Linie: Fähnchen, gefüllte Wassergläser, Glocken tragen
♦ Möglichkeit einer Fehlerkontrolle
♦ Stille- und Schweigeübungen zur Bewegungskontrolle.

Die erzieherische Hilfe im Sinn einer begleitenden Förderung erfolgt durch die »indirekte Arbeit« der Bereitstellung einer altersspezifischen Anregungsumwelt. Im Allgemeinen – so Montessori – interessieren sich die Kinder zunächst für die Übungen des praktischen Lebens im praktischen Leben. Sie hält es für »zwecklos und schädlich, den Kindern Material zur sensorischen und kulturellen Entwicklung zu geben, bevor sie den daraus erwachsenden Nutzen ziehen können«.

Die »dritte Lernphase« – das 3. Lebensjahr: Diese Lernphase entspricht einerseits dominant der von Montessori bekannten didaktischen Intention der Erziehung oder Bildung der Sinne und andererseits der zweiten Phase der Sprachentwicklung.

Erziehung oder Bildung der Sinne – Montessori datiert den Einsatz der Farbtäfelchen – »ein Teil des Entfaltungsmaterials« – schon innerhalb des 3. Lebensjahres. In ihrem Handbuch führt sie an mehren Stellen aus, dass Kinder im Alter ab 2½ Jahren sich aufgeschlossen zeigen für »Mittel zu dem, was man ›Erziehung der Sinne‹ nennen kann durch die beständige Ausübung von Beobachtung, Vergleich und Urteil«. Als Serien von »Motiven zu Bildungsaktivitäten« im Bereich der Sinnesentwicklung verweist sie auf:

♦ Gruppen verschiedener Einsätze (Zylinderblöcke)
♦ Gruppen von Körpern in abgestuften Größen (Rosa Würfel, Braune Treppe)
♦ Gruppen verschiedener geometrischer Körper (Prisma, Pyramide, Kugel, Zylinder).

Eine Beobachtungsbeispiel verdeutlicht dies sehr gut: Raphaels größere Schwester ging zur Kindertagesstätte. Er selbst war noch keine 2 Jahre alt, wollte aber gerne mitgehen. Sobald er ein »großer Bub« sei, dürfe er auch mitkommen, hatte sein Vater gesagt. Als Raphael 2 Jahre alt war, durfte er an einigen Tagen mit in die Kita. Eines Abends hörten seine Eltern ihn im Halbschlaf murmeln: »großer Bub, großer Bub«.

Bei einem gemeinsamen Bildungswochenende der gesamten Kita mit Eltern hatte Raphael das Nachmittagsprogramm gründlich verschlafen. Nachdem fast alle in die Kaffeepause gegangen waren, nützte er – gut ausgeruht – die Zeit und den leeren Raum, um sich gründlich umzusehen. Er stand zunächst zwischen drei kleinen Teppichen, auf dem Kinder unterschiedlich angeordnete Montessori-Materialien zurückgelassen hatten. Als erstes interessierte ihn der Einsatzzylinderblock. Schön geordnet standen die Zylinder neben den zu ihnen gehörenden Einsatzlöchern. Raphael setzte sie hinein, nahm sie wieder heraus und verließ den kleinen Teppich.

Das Herausnehmen und Hineinsetzen hatte er ja bereits seit einem Jahr hinter sich. Die neuen Möglichkeiten erkannte er aber noch nicht. Dazu hätten die Zylinder gemischt neben dem Block stehen müssen. Er respektierte die von anderen Kindern vorgegebene Ordnung und verließ den Teppich.

Darauf wandte Raphael sich dem anderen Teppich zu. Mit den geometrischen Körpern hatten Kinder architektonische Gebilde geschaffen. Er nahm einige andere Konstruktionen vor, die ihm dann doch nicht gefielen und stellte die alte Ordnung wieder her. Lediglich einige baumartige Konstruktionen veränderte er unter dem Aspekt einer besseren symmetrischen Rangfolge. Dann ging Raphael zum dritten Teppich. Dort fand er den Rosa Turm und die Braune Treppe. Eine Weile stand er zunächst mitten zwischen drei kleinen Teppichen, schaute zunächst noch einmal in die Runde und seufzte tief. Dann entschied er sich endgültig für den dritten Teppich. Mit Hilfe von Rosa Turm und Brauner Treppe versuchte er unermüdlich und tief versunken über einen langen Zeitraum hinweg Ebenen herzustellen. Er ließ auch nicht den geringsten Oberflächenunterschied zu und versuchte immer wieder neue, bessere Zuordnungen. Als alle anderen aus der Kaffeepause zurückkamen, fragte ihn seine Mutter, ob er Kakao oder Kuchen haben wolle. Raphael ließ sich nicht stören und rief nur zurück: »Ich muss arbeiten«– dabei war er doch gerade erst 26 Monate alt.

Entwicklung und Bildung der Sprache – In ihren Londoner Vorträgen von 1946 unterscheidet Montessori zwei Phasen der frühkindlichen Sprachentwicklung: »Die gesprochene und die gehörte Sprache haben zwei verschiedene Entwicklungen: die gehörte Sprache wird vor der gesprochenen entwickelt. Es gibt eine verborgene und eine komplexe Vorbereitung der

Sprache (unterbewusst) und den äußerlichen Ausdruck (der bewusste Teil). Die Sprache entwickelt sich nicht allmählich, sondern in Intervallen. Ein äußerer Ausdruck folgt der Entwicklung, die im Inneren vor sich gegangen ist. Schließlich ereignen sich Explosionen. Nach einem Jahr des Studiums und der Anstrengung das erste zielhafte Wort. Dann folgt ein Verstehen verschiedener Wortarten. Innerhalb der »dritten Lernphase«, dem 3. Lebensjahr, beginnt die zweite Phase der Sprachentwicklung, für die das Kind – so Montessori – häufig Gelegenheit haben muss, »eine gepflegte Sprache zu hören«. Auch zur Entwicklung der Sprache findet sich in Montessoris Werk »Das kreative Kind« eine Zeitleiste, in der sie drei markante kindliche Wahrnehmungen ausweist, die den komplexen Spracherwerb charakterisieren:

♦ Im 3./4. Monat macht das Kind die Erfahrung: »Die Laute kommen aus einem Mund, der sich bewegt.«

♦ Um den 10. Monat stellt das Kind fest: »Die Laute haben eine Bedeutung.«

♦ Mit 18 Monaten macht es die Erfahrung: »Jedes Ding hat seinen Namen.«

♦ Mit 2 Jahren vermag das Kind sich in Sätzen auszudrücken.

Die Schwierigkeiten, denen das Kind zwischen dem ersten und dem zweiten Lebensjahr begegnet, so Montessori 1949, sind noch nicht genügend aufgedeckt. Die neuen Kinderbetreuerinnen für Kinder von ein bis zwei Jahren müssten wissenschaftliche Kenntnisse über die Entwicklung der Sprache besitzen. Im Zusammenhang mit der zitierten Forderung verweist die Autorin auch auf die Notwendigkeit von Einrichtungen für Kinder schon im Alter von 1–1½ Jahren. Das Kind, das die Sprache anfangs unbewusst absorbiert, erobert sich zunächst lange Zeit die Silben, bis es plötzlich ein oder mehrere Worte spricht. Der frühe Spracherwerb durch das Kind selbst vollzieht sich explosionsartig. »Die explosiven und eruptiven Phänomene des Ausdrucks dauern beim Kind über das zweite Lebensjahr hinaus an«, so z. B. auch das Auftauchen einfacher und zusammengesetzter Sätze.

»Die Altersgrenze von zweieinhalb Jahren bezeichnet in der Bildung des Menschen eine Grenzlinie der Intelligenz. Danach beginnt eine neue Periode in der Gestaltung der Sprache, die ohne Explosionen in ihrer Entwicklung fortschreitet, aber mit großer Lebendigkeit und Spontaneität. Diese zweite Periode erstreckt sich mehr oder weniger bis zum fünften oder sechsten Lebensjahr. In dieser Periode lernt das Kind viele Wörter und vervollständigt den Satzbau. Montessori verweist darauf, dass all dies ohne Erzieher aufgrund spontaner Erwerbung durch das Kind selbst geschieht, eine Tatsache, für die das Kind allerdings eine gepflegte Sprache hören muss.

Aufgrund biologisch-neurologischer Reifungsprozesse in Verbindung mit dem erforderlichen übenden kindlichen Umgang mit diesen hat das Kind mit etwa $2\,^1/_2$ Jahren die Basis für seine intelligenten Aktivitäten gelegt: Eindrücke sammeln, ordnen, prüfen, vergleichen und unterscheiden.

Insgesamt lässt sich zur dritten Lernphase sagen, dass das Kind durch die Übung seiner intelligenten Funktionen die »Konstruktion« seiner Einbildungskraft vollzieht. Diese erreicht im Alter von etwa 4 Jahren an ihre besondere sensible Phase. Ihre Merkmale sind erinnern, kreativ mit Erinnerungen, neuen Eindrücken und Erfahrungen umgehen. Ihre Besonderheit besteht in der Tendenz, hinter die Dinge und Erlebnisse zu kommen, über sie hinauszusehen, zu sehen, was man nicht sehen kann, über etwas zu reden, was nicht da ist.

Die Konstruktion besteht im kreativen und experimentieren-den Umgang mit diesen Wahrnehmungen und Erfahrungen.

Zu diesen Neigungen und Tendenzen kommen ab etwa 3 Jahren die Sensibilitäten des erwachenden Bewusstseins hinzu. Das Bewusstwerden löst die Tendenz aus, Erfahrungen, Können und Wissen zu klären, zu analysieren und zu untersuchen. Das Kind entwickelt das Bedürfnis, bisherige Erfahrungen und Handlungen wiederholend zu perfektionie-ren, zu vervollkommnen. Montessori spricht von der beob-achtbaren Tendenz des Kindes, sich zu »erheben« über den bisherigen Stand der Qualität seines Verhaltens, Könnens und Wissens. Insgesamt arbeitet das Kind dabei am qualitati-ven Fortschritt seiner kleinen Persönlichkeit, ein Akt kindli-cher Selbstbildung in Richtung Selbstständigkeit und Frei-heit. In diesem Zusammenhang nennt Montessori die dem Kind in dieser Zeit angebotenen Materialien einen »Führer« oder einen »Schlüssel« zur Welt und zu sich selbst. Die di-daktischen Materialien für die kindliche Frühzeit führen – aufeinander aufbauend – auf elementare Weise in weitere Verhaltensweisen und Wissensgebiete ein.

♦ Zylinderblöcke z. B. vermitteln Einsicht in Dimensionen, lassen das Kind sich selbst Begriff und Begriffsverständ-nisse erarbeiten wie hoch – niedrig, dick – dünn, schmal – breit und fördern und trainieren die Feinmotorik der Schreibhand.

♦ Rosa Turm und Braune Treppe haben ähnliche Funktionen.

♦ Geometrische Körper und konstruktive Dreiecke dienen dem Kind neben den schon genannten elementaren Funk-tionen auch zur Vorbereitung auf die Geometrie.

♦ Sandpapierbuchstaben ermöglichen dem Kind das selbst-ständige Erlernen von Buchstaben durch das Ertasten der Form.

♦ Die roten und blauroten Stangen ermöglichen dem Kind einen ersten Kontakt mit Mengen.

Mit Hilfe dieser und weiterer Materialien kann sich das Kind eine Basis schaffen. Auf den elementaren Materialien bauen weiterführende Material-Sequenzen auf. Sie eröffnen dem Kind einen geistigen Weg des Wissens und Könnens, den es sich selbst kontinuierlich weiter erschließen kann, eine Hilfe gemäß der Bitte des Kindes: »Hilf mir, es selbst zu tun«.

1.4 Die pädagogische Hilfe – begleiten und fördern

»Die neue Erziehung« – so Montessori – »die das Kind zunächst beobachtet, bevor sie sich anmaßt, es erziehen zu wollen, soll endlich auch in die Familie eindringen und hier nicht nur ein neues Kind, sondern vor allem neue Väter und Mütter schaffen.« An anderer Stelle sagt sie: »Feinstes zu verstehen suchen und rücksichtsvollste Behandlung des Kindes ist eine Gewissensfrage für uns. Wir müssen endlich anfangen, klar zu sehen und den bisherigen Weg aufgeben. Wir gefielen uns in der Rolle des Richters, wollten den Kindern gegenüber, die voller Fehler waren, wie vollkommene Tugendspiegel erscheinen.«

Vier Stichworte tauchen auf, die Haltung und Verhalten des Erziehers umschreiben: Klar sehen, Beobachten und Verstehen sowie ein entsprechendes Handeln: rücksichtsvollste Behandlung. Montessori nennt das Verlassen des bisherigen (Erziehungs-)Weges eine Gewissensfrage, eine Frage der Verantwortung gegenüber dem Kind, womit nicht das Aufgeben einer echten Autorität gemeint ist. In ihrem Handbuch spricht Montessori vom feinfühligen Eingreifen derjenigen, »welche die Kinder in ihrer Entwicklung leiten. Die Lehrerin (= Erzieherin) muss das Kind leiten, ohne es ihre Gegenwart zu sehr fühlen zu lassen, so dass sie immer zu erwünschter Hilfe bereit sein kann, aber niemals hindernd zwischen dem Kinde und seinen Erfahrungen steht«. Die pädagogische Aufgabe der Leitung konkretisiert sie dahingehend, dass man dem kindlichen Tun mit ruhiger und abwartender Achtung gegenübersteht und dass man es nicht in seinen Bewegungen und Erfahrungen beschränkt.

Auch in diesen Zitaten tauchen drei erziehungsrelevante Stichworte im Blick auf erzieherisches Verhalten und Handeln auf: Warten und Beobachten, feinfühliges Eingreifen. Zusammengenommen sind sie eine Umschreibung der erzieherischen Achtung und Leitung des Kindes. Montessori beschreibt das erzieherische Tun als Leitung sehr häufig symbolisch mit dem Phänomen der Begleitung: mit dem Kind gehen.

1.4.1 Die erzieherische Leitung und Begleitung

Aus dem Vorstehenden ergaben sich bereits entsprechende Forderungen, die im Folgenden umrissen werden.

Klare innere Position – neue Einstellung und Haltung: Montessori verweist auf die Notwendigkeit einer inneren Vorbereitung des Erziehers. »In allererster Linie ist für ihn eine klare innere Haltung erforderlich,« die sich einerseits auf die Prüfung der eigenen sozialen Beziehung zum Kind richtet, andererseits aber auch klärt, welche Entwicklungsarbeit dem Kind vorbehalten ist und welche Aufgaben der Hilfe ihm zukommen. Eine solche innere Vorbereitung bewirkt gleichzeitig einen Perspektivenwechsel hinsichtlich der erzieherischen Aktivitäten. Der Erzieher »muss auf seine eigene Aktivität zugunsten des Kindes verzichten«. Bei der erzieherischen Haltung des Erwachsenen dem Kind gegenüber handelt es sich

um die »Begrenzung des Einschreitens. Dem Kind muss geholfen werden, wo das Bedürfnis für Hilfe da ist. Doch schon
ein Zuviel dieser Hilfe stört das Kind«.

Feinstes Verstehen und feinfühliges Eingreifen: »›Warte und
beobachte!‹ ist das Leitwort für den Erzieher« – so formuliert
Montessori. In dieser Konsequenz stellt sie in ihren Ausführungen zur Erziehung des Kindes in der Familie die erzieherische Forderung an Eltern auf, vor allen Erziehungsbemühun-
gen das Kind zunächst zu beobachten. Beobachtung ist die
Basis für die weiterführende Notwendigkeit, Feinstes zu verstehen suchen, um feinfühlig – wenn erforderlich – eingreifen
zu können. Im Hinblick auf die Zeit der nonverbalen Entwicklungsphase des Kindes verweist sie auf die Notwendigkeit eines »Interpreten«. Er ist für das Kind die große Hoffnung, er
ist jemand, der ihm den Weg zu den Entdeckungen eröffnet,
wenn die Welt ihm die Türen verschlossen hat.

Als generelle Vorbedingung für die Erziehung des Kindes
in der Familie fordert Montessori von Eltern – wie bekannt –
die Kenntnis der psychischen Bedürfnisse des Kindes und die
Fähigkeit, seine Äußerungen zu beobachten und richtig zu
deuten. Kenntnis und Wissen sowie der Umgang mit Wissen
um die Bedürfnisse des Kindes sind Voraussetzungen für eine
erzieherische Haltung der Eltern, die Montessori als eine bedachte Anteilnahme einer liebevollen Fürsorge bezeichnet.

**Neues Selbstverständnis – Begleiter und Leiter kindlicher Akti-
vität und Entwicklung:** In einer biologischen Perspektive –
dem so genannten mütterlichen oder elterlichen Leit-
instinkt – beschreibt Montessori die Notwendigkeit, dem Leben des Kindes in seinem Anfangsstadium »Geleit und
Schutz« zu geben. Hinsichtlich der Aktivitäten des Kindes

im 2. Lebensjahr formuliert sie den Gedanken der erzieherischen Begleitung in einer Kurzformel: »Mit dem Kind gehen.« Sie verweist darauf, dass das Kind es liebt, zu gehen. »Der Erwachsene muss mit ihm gehen und nicht umgekehrt. Man lasse das Kind gehen und merke sich, wie es geht: es erforscht die Umgebung.« Das neue Selbstverständnis des Erziehers als Leiter der kindlichen Entwicklung und Bildung hat Montessori bereits 1918 entsprechend formuliert: »Er beobachtet viel und hat vor allem die Aufgabe, die psychische Aktivität der Kinder sowie ihre physiologische Entwicklung zu leiten.« Vom »Geheimnis wahrer Leitung« heißt es – wie erwähnt – dass man dem kindlichen Tun »mit ruhiger und abwartender Haltung gegenübersteht und dass man es nicht in seinen Bewegungen und Erfahrungen beschränkt«. Leiten bedeutet, gegenwärtig zu sein, aber keineswegs hindernd zwischen dem Kind und seinen Erfahrungen zu stehen.

1.4.2 Fördern und unterstützen

Die Förderung als Unterstützung der selbstständigen Entwicklungsarbeit des Kindes besteht nach Montessori in einer »indirekten Hilfe«, die durch die Gestaltung einer äußeren Welt geboten wird. Fördern bedeutet, der schöpferischen Arbeit auch des kleinen Kindes Rechnung zu tragen. Das heißt, den Bedürfnissen des Kindes von Geburt an bewusst zu entsprechen.

Indirekte Hilfe durch die äußere Welt: »Wir verstehen unter Erziehung, der psychischen Entwicklung des Kindes von Geburt an zu helfen. Die Hilfe, die wir zu geben vermögen, liegt in der äußeren Welt.« – so Montessori. Sie bezeichnet die Vorbereitung der Umgebung und die Vorbereitung des Erziehers als das praktische Fundament ihrer Erziehung. Als Hilfe, die in der äußeren Welt liegt, gilt es, dem aktiven Kind eine angepasste Umgebung zu schaffen. Neben den Kriterien einer körperlich-physischen, sozial-affektiven, mentalen, geistig-psychischen und gegenständlich-räumlichen Angepasstheit fordert Montessori unter einem pädagogisch-didaktischen Aspekt, »eine Serie von Motiven zur Bildungsaktivität in einer eigens vorbereiteten Umgebung bereitzustellen«. Auf entsprechende Bildungsmotive in den ersten drei Lernphasen wurde bereits im Kapitel 2.1.2 näher eingegangen.

Prinzip der Nichteinmischung – Begrenzung des Einschreitens – Fehlerkontrolle: Wenn ein Kind beginnt, sich für konkrete Übungen oder Materialien zu interessieren, wird für den Erzieher die Forderung des Beobachtens und Abwartens akut. Sobald der konzentrierte handelnde Umgang mit einer Übung oder mit einem Gegenstand beginnt, setzt ein Selbstbildungsprozess des Kindes ein, in den dann nicht mehr eingegriffen werden darf. Mit der Bereitstellung der »Entfaltungsmittel« – der didaktischen Materialien oder Übungen – vollzieht der Erzieher den Beginn seiner indirekten Hilfe oder Erziehung. Innerhalb der bereitgestellten Umgebung muss das Kind sich frei bewegen und sich frei für Übungen entscheiden, sie wählen können. Mit dem Einsetzen der kindlichen Konzentrationsprozesse – der Polarisation seiner Aufmerksamkeit auf eine Übung oder Gegenstand – setzt dann für den Erzieher die Notwendigkeit ein, sich zurückzuhalten. Montessori nennt das die Begrenzung des Einschreitens.

Angesichts der geforderten Nichteinmischung differenziert sie dieses Prinzip: Es gilt für alle erkennbar sinnvollen Aktivitäten des kindlichen Interesses. »Doch muss auf etwas Prinzipielles hingewiesen werden. Die Freiheit des Kindes kann nicht darin bestehen, dass wir es ›sich selbst überlassen‹, es vernachlässigen. Nicht durch gleichgültige Untätigkeit helfen wir der kindlichen Seele bei allen Schwierigkeiten ihrer Entwicklung, sondern durch die bedachte Anteilnahme einer liebevollen Fürsorge.« An anderer Stelle weist Montessori auf einen weiteren Aspekt hin: » Die Freiheit in der Erziehung darf nicht dahin missverstanden werden, dass man Fehler überhaupt nicht verbessert.« Angesichts einer sich vollziehenden kindlichen Konzentration und Vertiefung in eine Übung ist der darin sich vollziehenden Lernvorgang wichtiger, als eine fehlerhafte Durchführung desselben. So fordert sie, dass in den fehlerhaften Konzentrationsprozess nicht eingegriffen werden darf. Die Korrektur des Fehlers darf erst mit einigem Abstand nach Beendigung des kindlichen Konzentrationsprozesses erfolgen, damit das Kind den Fehler als solchen auch richtig einordnen kann.

Montessori sieht den Fehler im Selbst- und Weiterbildungsprozess auch des noch sehr jungen Kindes als eine pädagogische Chance an. Viele Übungen und Materialien haben eine so genannte »immanente Fehlerkontrolle«, die dem Kind eine Rückmeldung über die Richtigkeit seines Übens und Arbeitens gibt. Der Weg dazu – so Montessori – »wird ihm nicht nur durch die Gegenstände gewiesen, die es braucht, sondern auch durch die Möglichkeit, selbst an diesen Gegenständen seine Irrtümer zu erkennen«. So bleibt z. B. bei einem fehlerhaften Einsatz der Zylinder ein Zylinder übrig. Das beschriebene Erzieherverhalten angesichts kindlicher Konzentrationsvorgänge – seinen eigeninitiierten Lernprozessen – setzt voraus, dass Erzieher Feinstes im Verhalten des Kindes kennen, erkennen und deuten können. Es handelt sich um Inhalte der von Montessori vorgängig geforderten Beobachtungsfähigkeit. Von der Bereitstellung einer angepassten Umgebung sagt Montessori, dass dem Kinde das Notwendige an

Fürsorge gegeben ist. »Wir müssen uns nun überwinden, uns zurückziehen und es beobachten, ihm gewissermaßen in gegebenem Abstand folgen, ohne es mit unserer Hilfe zu belasten, doch auch ohne es jemals zu verlassen.«

Frühpädagogische Notwendigkeit »Pädagogischer Analyse«: Angesichts der senso- und psychomotorischen Entwicklung fordert Montessori, dass das Kind die Freiheit haben muss, die neuen Funktionen zu üben und seine Unabhängigkeit zu gebrauchen. Für den selbsttätigen, eigeninitiierten und notwendigen Erwerb des Kindes von Funktionen etwa im Bereich der Bewegung weist sie vier Bedürfnisse aus:

♦ Bedürfnis nach genauen Übungen
♦ Bedürfnis nach Übungen der Koordination
♦ Bedürfnis nach Übung der neuen Funktionen
♦ Bedürfnis nach Beweggründen (Motiven) zum Handeln im Sinne didaktischer Angebote.

Im Blick auf die kindlichen Erwerbungen in den beiden ersten Lernphasen, also dem 1. und 2. Lebensjahr (gehen und laufen, sich allein an- und ausziehen, selbst essen und an häuslichen Aktivitäten teilnehmen) betont Montessori die Notwendigkeit, einer »Analyse der Schwierigkeiten«, die sie als »Pädagogische Analyse« bezeichnet. »Die einzelne Handlung ist das Ergebnis verschiedener Tätigkeiten des Organismus. Die Trennung dieser Schwierigkeiten bis zu den äußeren Grenzen des Möglichen nennen wir in unserer Pädagogik Analyse. Die Analyse besteht jedoch nicht in dem theoretischen Studium dieser verschiedenen Elemente. Sie findet tatsächlich nur statt, um uns in das Gebiet der praktischen Pädagogik zu führen.« Die »Analyse der Schwierigkeiten« wird für Montessori nicht nur für den Bewegungsbereich gefordert, sondern auch durch die Tatsache, dass die »Übungen des praktischen Lebens« die ersten Lehrmittel (didaktische Motive) für die kindliche Schaffenslust sind.

Hinsichtlich dieser ersten konkreten didaktischen Übungen – das selbstständige Handeln in praktischen Dingen des alltäglichen Lebens – befasst Montessori sich konkretisierend mit der »Analyse der Bewegungen«. Beim An- und Ausziehen z. B. werden sehr komplexe Handlungen vollzogen. »Jede komplexe Handlung hat aufeinander folgende, jedoch voneinander sehr verschiedene Momente. Die Analyse der Bewegungen besteht darin, zu versuchen, diese aufeinander folgenden Schritte zu erkennen und dann exakt und getrennt auszuführen.« Montessori konkretisiert die Bewegungsanalyse am Beispiel der Anziehrahmen, die im Dienste des selbstständigen kindlichen An- und Ausziehens stehen. »Knüpfrahmen sind Gegenstände, die den Kindern als Übung zur Analyse der Bewegungen dienen: es handelt sich dabei um einen Holzrahmen mit zwei Rechtecken aus Stoff, die miteinander verbunden werden können. Jeder Rahmen hat eine andere Verbindungsart: Knöpfe, Haken, Schnürsenkel, Bänder, Schnallen, mechanische Verschlüsse usw. Dieses Entwicklungsmaterial geht von den praktischen Handgriffen beim Anziehen aus ... Der Knopf muss mit der einen Hand geneigt werden, während die andere das Knopfloch so zieht, dass es über dem hochkant gestellten Knopf liegt: dann wird der Knopf durchgezogen, danach flach gelegt ... Nachdem die Lehrerin (= Erzieherin) ganz genau gezeigt hat, wie zu verfahren ist, versucht das Kind immer wieder auf- und zuzuknöpfen, bis es Geschicklichkeit und Schnelligkeit erworben hat.«

Als ähnliche Handlung analysiert Montessori das Öffnen oder Schließen eines Schlosses: »den Schlüssel einstecken und dabei waagerecht halten, dann umdrehen, dann Schublade herausziehen oder die Tür öffnen.« Die Analyse der Bewegungen ist mit der Sparsamkeit der Bewegungen verbunden. Keinen für einen bestimmten Zweck überflüssige Bewegung zu machen, ist letzten Endes der höchste Grad an Vollkommenheit. Daraus ergibt sich dann die ästhetische Bewegung, die künstlerische Haltung. Die Geordnetheit der kindlichen Bewegungen, die Sicherheit des Auftretens und die Geschicklichkeiten des Gleichgewichts gehören zu jenen Phänomenen, an denen kindliche Selbstständigkeit erkennbar wird. Sie stehen im Dienste seiner selbst vollzogenen Persönlichkeitsbildung. Möglich wird sie durch Motive für kindliche Bildungsaktivitäten in einer ihm angepassten Umgebung. »Es handelt sich um etwas mehr als eine schützende Umgebung; man könnte sie als ›psychische Umgebung‹ bezeichnen, die eine Hilfe für die Konzentration der Kleinen sein soll. Ihre Bedeutung liegt in den Gegenständen, denn ohne Gegenstände kann das Kind sich nicht konzentrieren.«

2. Die Bedeutung der Erzieher in den frühen Jahren des Kindes

Im vorherigen Kapitel wurde bereits auf eine entsprechende Haltung der Erzieher eingegangen. Die generelle Bedeutung der Erzieher in den frühen Jahren – dem Kinde Obhut, Schutz und Geleit zu geben – berührt aber auch die Entwicklungstatsache, dass alle kindlichen Bildungsaktivitäten im Alter von 0–4 Jahren eingebettet sind in Empfindung und Gefühl. Sie bilden die Basis und fordern die bereits genannte Fähigkeit, Feinstes zu verstehen und feinfühlig eingreifen zu können. Montessori nennt eine entsprechende empathische Einstellung die Kunst eines Dieners am kindlichen Geist. Die Entwicklung und Bildung der kindlichen Persönlichkeitsentwicklung verläuft elementar ganzheitlich über die Bahnen von Empfindung und Gefühl. Sie bilden die Basis, auf der sich das kindliche Unabhängigkeitsstreben in Richtung Selbstständigkeit vollzieht.

Vor diesem Hintergrund sind weitere Verständnisweisen der Bedeutung und Aufgaben der frühkindlichen Erzieher zu ermitteln. Zentral geht es um die Entwicklung und Gestaltung der kindlichen Empathie sowie die Frage nach der Beschaffenheit eines empathischen Erziehungsstils. In Entsprechung einer Forderung Montessoris – mit aller wissenschaftlicher Gründlichkeit die seelischen Bedürfnisse des Kindes zu erforschen – werden bei der Frage nach dem Verständnis und der Bildung der Empathie neuere Forschungsergebnisse in die Betrachtung einbezogen. Dabei handelt es sich insbesondere um die Studien Golemans zur sozialen und emotionalen Intelligenz.

2.1 Erziehung aus der Perspektive des Kindes

Wie erwähnt, versteht Montessori unter Erziehung das Bemühen, der psychischen Entwicklung des Kindes von Geburt an zu helfen. »Die Hilfe, die wir zu geben vermögen, liegt in der äußeren Welt. Dies erfordert vom Erwachsenen eine weise Zurückhaltung.«

2.1.1 Das Kind als Angel- und Mittelpunkt seiner Erziehung

Das Kind selbst ist das aktive Wesen. Sein ganzes unbewusstes Streben, seine Aktivitäten gehen dahin, »sich durch die Loslösung vom Erwachsenen und durch Selbstständigkeit zur freien Persönlichkeit zu entwickeln«. Montessori spricht von der schöpferischen Arbeit auch des kleinsten Kindes und verweist darauf, dass das Kind der Mittelpunkt der Erziehung ist.

2.1.2 Wege frühkindlichen Unabhängigkeitsstrebens

Von der Erziehung heißt es, dass sie dem Streben des Kindes nach Selbstständigkeit in allem entspricht. Das Bemühen muss darin bestehen, dem Kind zu helfen, selbstständig zu werden. Montessori skizziert den kindlichen Weg zur Selbstständigkeit im frühen Alter durch die Interpretation einer Reihe der frühesten Entwicklungsphasen. So sagt sie:
»Wie viel Kraft gehört dazu,
♦ bis das kleine Kind sich vom Mutterschoß gelöst hat
♦ bis es allein gehen kann und nicht mehr getragen zu werden braucht
♦ bis es sprechen kann, um das zu sagen, was es nötig hat
♦ bis es all die Handlungen seines kleinen Lebens allein und

richtig ausführen kann und nicht mehr der erdrückenden Hilfe des Erwachsenen bedarf«.

Montessori beschreibt diese Entwicklungsschritte als Abschnitte der Befreiung des Kindes vom Erwachsenen in Richtung seiner Tendenz zur Selbstständigkeit:

♦ Die Zähne geben ihm die Möglichkeit, sich unabhängig von der Mutter ernähren zu können.

♦ Das Laufen bedeutet, ohne Hilfe des Erwachsenen sich fortbewegen zu können.

♦ Das Sprechen ist der Anfang, sich mitteilen zu können und nicht mehr von der Auslegung seiner Wünsche durch den Erwachsenen abhängig zu sein.

2.1.3 Verständnis des Erziehers

Die Sicht Montessoris aus der Perspektive und dem frühen Erleben des Kindes – seiner Erfahrung und Empfindung – wirft ein Licht auf die Notwendigkeit und auf das Verständnis des Erziehers. Es ist notwendig, dem kleinen Kind »vernünftigen Beistand in der Bewältigung seiner mühsamen Aufgabe« zu leisten. Montessori umschreibt diesen Beistand folgendermaßen: »Auf wissenschaftliche und vernünftige Weise müssen wir die innere Arbeit seelischer Anpassung erleichtern, die sich im Kinde zu vollziehen hat.« So nennt sie die Kenntnis der Tatsache, dass die Entwicklung des Kindes einen Weg aufeinander folgender Unabhängigkeitsgrade durchläuft, als eine Richtlinie im Verhalten dem Kind gegenüber. »Wir müssen dem Kind dazu verhelfen, von sich aus zu handeln, zu wollen und zu denken. Das ist die Kunst des Dieners des Geistes.« Beistand leisten heißt also, dem Geist des Kindes von Geburt an zu dienen.

2.2 Erzieher – Gehilfe und Beistand

In II.1 wurde bereits auf Montessoris Erzieherverständnis eingegangen – der Erzieher soll Begleiter und Leiter kindlicher Aktivitäten und kindlicher Entwicklungen sein. In ihren Beschreibungen nimmt sie aber auch weitere Differenzierungen vor, die mit dem kindlichen Selbstständigkeitsstreben in Verbindung stehen. So spricht sie vom Erzieher als einem Diener des kindlichen Geistes. In ihren Grundsätzen zur Früherziehung fordert sie, dass Erzieher das Kind nicht bedienen sollen, sondern es zur Selbstständigkeit erziehen. Diese Art der erzieherischen Hilfe nennt Montessori einen Dienst am Geiste des Kindes. Die Bezeichnung und Beschreibung des Erziehers als »Gehilfe« steht in einem Zusammenhang mit dem schon genannten Verständnis der Erziehung als Hilfe für das Kind auf seinem Weg zur Unabhängigkeit und Selbstständigkeit, und zwar von Geburt an.

2.2.1 Eltern und frühe Bezugspersonen – Helfer des Aufbaus

Da es die schöpferische Aufgabe des Kindes ist, selbst eine freie Persönlichkeit aus sich zu bilden, fordert dies von Eltern, Helfer des Aufbaus ihres Kindes zu sein. »Auf diese Weise stützt sich die Autorität der Eltern nicht mehr auf ihre Würde an sich, sondern auf die Hilfe, die sie ihrem Kind zuteil werden lassen.«

In den bisherigen Aussagen Montessoris dürfte schon deutlich geworden sein, dass sie unter der Bezeichnung Erzieher nicht nur professionell arbeitende Bezugspersonen oder Betreuer des Kindes erfasst. Eltern und Erwachsene werden genau so benannt wie jene, die unmittelbar beruflich mit der Erziehung und Bildung des Kindes betraut sind – die

professionellen Erzieher oder heute so genannten Fachpäda-
gogen.

2.2.2 Die Würde des Kindes achten

Insgesamt spricht Montessori von einem neuen Typus des Erziehers als Gehilfe, Diener und Mitarbeiter. Die Forderung,
sich als Diener des sich entwickelnden jungen Menschen zu
verstehen, entspricht dem schon genannten Verhalten einer
»weisen Zurückhaltung« des Erwachsenen. »Wer bedient
wird, statt dass man ihm hilft – so Montessori – nimmt in ge-
wissem Sinne an seiner Unabhängigkeit Schaden.« Die Hilfe
muss so beschaffen sein, dass sie aus Abhängigkeit heraus
und zum Sich-selbst-Genügen, d. h. zum freien Tun und Können führt. Montessori geht aus von der Tatsache, dass das Kind
»im Zeichen der Ohnmacht, in der es geboren wird, als soziales Individuum von Bindungen umgeben (ist), die seine Aktivität einschränken«. Sie verweist auf ihre auf Freiheit gegrün-
dete Erziehungsmethode, die darauf ausgerichtet ist, dem
Kind zu helfen, eben diese Freiheit zu erobern. Deshalb sollte
die »erste Form erzieherischen Eingreifens darauf gerichtet
sein, das Kind auf den Weg der Unabhängigkeit zu führen«.

Der echte Dienst besteht in einer erforderlichen und angemessenen Hilfe, die auch der Würde des kindlichen Menschen
entspricht. »Eine wirksame pädagogische Einwirkung auf Kinder im zarten Alter muss darin bestehen, ihnen zu helfen, auf
dem Weg zur Unabhängigkeit voranzukommen, und so verstanden werden, dass sie in die ersten Formen der Betätigung
einführt, die ihnen erlauben, sich selbst zu genügen und den
anderen nicht durch ihre Unfähigkeit zur Last zu fallen. Ihnen
helfen zu lernen, ohne Hilfe zu gehen, zu laufen, Treppen auf-
und abzusteigen, umgefallene Gegenstände wieder aufzurich-

ten, sich an- und auszuziehen, zu waschen, zu sprechen, um klar und deutlich ihre Bedürfnisse auszudrücken, sich um die Befriedigung ihrer Wünsche zu bemühen, das ist die Erziehung zur Unabhängigkeit.« So nennt sie die Übungen des täglichen oder praktischen Lebens die ersten im Leben des Kindes. Dabei ist zu beachten, dass wir – so Montessori – den Kindern dienen. »Eine servile Haltung ihnen gegenüber ist nicht weniger fatal als eine Haltung, die danach strebt, ihre nützlichen spontanen Bewegungen zu ersticken.« Montessori beschreibt die erwähnte »weise Zurückhaltung« des Erziehers als eine Haltung der Liebe. Dem Kind gehört der erste Platz und der Erzieher folgt ihm. »Er muss auf seine eigene Aktivität zugunsten des Kindes verzichten. Er muss passiv werden, damit das Kind aktiv werden kann. Er muss dem Kind die Freiheit geben, sich äußern zu können.« In der Haltung des Erwachsenen dem Kind gegenüber handelt es sich um die schon erwähnte Begrenzung des Einschreitens. Er muss dem Kind helfen, wo es nötig ist. Doch ein Zuviel dieser Hilfe stört das Kind.

2.2.3 Zwei Grundforderungen an Erzieher

Montessori formuliert zwei wichtige Forderungen auch für die frühe Erziehung des Kindes:

- ♦ Die erste Forderung betrifft das soziale Leben von Erwachsenen und Kind. Sie verlangt das Schaffen neuer Beziehungen und damit eine Haltungsänderung des Erwachsenen dem Kind gegenüber.
- ♦ Die zweite Forderung besteht darin, anzuerkennen, dass es die schöpferische Aufgabe des Kindes ist, selbst eine sittliche Persönlichkeit zu bilden.

Mit Blick auf die erste Forderung einer Haltungsänderung des Erwachsenen dem Kind gegenüber verweist Montessori darauf, dass diese nicht zuerst durch psychologische und pädagogische Studien zu erreichen ist, »sondern allein durch innere Einkehr« – durch Besinnung und Reflexion. Durch eine solche Haltungs- und Einstellungsänderung können Liebe und Achtung vor dem Kind erwachsen, so dass der Erzieher die Grenzen begreift, innerhalb derer er pädagogisch handeln darf.

Die Grenze wird markiert durch das beobachtbare Bedürfnis des Kindes, es selbst zu tun, selbst aktiv zu werden. »Durch freie Aktivität kann das Kind einen Menschen in sich bilden.« An anderer Stelle heißt es dazu bei Montessori: »Das Kind begreift durch eigene Aktivität, indem es die Kultur aus seiner Umgebung und nicht vom Erzieher übernimmt.« Wie erwähnt, nennt sie die eigene und freie Aktivität des Kindes eine innere Arbeit, »die sich im Kind zu vollziehen hat, eine Arbeit, die sich keineswegs mit irgendwelcher äußeren Arbeit oder Produktion« vergleichen lässt. So wird verständlich, wenn es an anderer Stelle heißt: Das Kind spielt nicht, es arbeitet. Es arbeitet an seiner Entwicklungsaufgabe – der Bildung seiner Person und sittlichen Persönlichkeit.

2.3 Hilfe, die in der äußeren Welt liegt – das praktische Fundament

Das Kind, das durch eigene Aktivität begreift, indem es die Kultur aus der Umgebung aufnimmt und nicht vom Erzieher, »benötigt eine Umwelt, die ihm Motive für seine Aktivität bietet«. Montessori verweist darauf, dass es sich um eine radikale Verschiebung der Aktivität zwischen Kind und Erzieher handelt. Die Aktivität, die früher bei den Erziehern lag, bleibt in ihrem Erziehungskonzept überwiegend dem

Kind überlassen. Das Erziehungswerk, das Geschehen, verteilt sich deshalb auf Erzieher und Umgebung. Entsprechend formuliert Montessori ein Prinzip für die Praxis, die Gestaltung der Erziehung. »Die Vorbereitung der Umgebung und die Vorbereitung des Erziehers sind das praktische Fundament unserer Erziehung.« Von der frühen Zeit des Kindes sagt sie, dass seine Bildung nicht in erster Linie durch Worte erreicht wird, sondern kraft der Erfahrungen aus der Umgebung des Kindes. Die Aufgabe des Erziehers besteht vielmehr darin, »eine Serie von Motiven zur Bildungsaktivität (des Kindes) in einer eigens vorbereiteten Umgebung bereitzustellen«.

Mit dem Blick auf die so zu praktizierende Erziehungsarbeit oder -gestaltung verweist Montessori darauf, dass die frühere Erziehende »durch ein sehr viel komplexeres Ganzes ersetzt wird, d. h. gleichzeitig mit der Erzieherin wirken zahlreiche Gegenstände (das Entwicklungsmaterial) bei der Erziehung des Kindes mit«. In Kapitel II.2.2 wurde bereits auf entsprechende didaktische Materialien und Übungen eingegangen.

2.3.1 Die gesammelte Arbeit des Kindes – freie Aktivität

Vom Vollzug der Bildungsaktivität des Kindes – seine freie Aktivität oder Arbeit – sagt Montessori, dass sie aus einer von Geburt an gegebener Konzentration als Sammlung und Versenkung in eine Beobachtung oder in ein Tun besteht. In ihr erkennt Montessori die »wesentlichste Funktion« seines Geistes. Es ist wichtig, »beim Kinde diese innere Kraft zur Vermittlung von Bildung« in Anspruch zu nehmen, denn es handelt sich dabei um die »vollkommenste Art des Lernens«. Auf die freie Aktivität des Kindes in seinem frühen Alter wurde im Kapitel II.1 näher eingegangen unter den

Stichworten der Übung und Konzentration in der kindlichen Suche nach Lernchancen.

Die beschriebene schöpferische Aktivität auch des kleinsten Kindes, erkennbar an Übung und Konzentration, vollzieht sich in den Vorgängen des Erwerbs der frühesten menschlichen Funktionen: essen, laufen, sprechen. Dabei gilt es, dem Kind zu helfen, von sich aus zu handeln, von sich aus zu wollen und von sich aus zu denken. Montessori spricht von einer Richtlinie im Verhalten der Erzieher: »Die Kenntnis der Tatsache, dass die Entwicklung des Kindes einen Weg aufeinander folgender Unabhängigkeitsgrade durchläuft.« Sie charakterisiert diese Unabhängigkeitsgrade beim Kind folgendermaßen:

♦ »die physische Unabhängigkeit, indem das Kind sich selbst genügt – sich selbst helfen kann
♦ die Unabhängigkeit des Willens durch freie Wahl
♦ die Unabhängigkeit des Gedankens durch eigene Arbeit, die ohne Unterbrechung von ihm selbst geleistet wurde.«

Handeln (Tun), Wollen und Denken sind also jene ausgewiesenen Persönlichkeitsbereiche, denen Erzieher gegenüberstehen. Die von Montessori geforderte Vorbereitung der Umgebung, die das Bereithalten einer »Serie von Motiven« für die kindliche Bildungsaktivität betrifft, steht im Dienste der kindlichen Arbeit. Angesichts solcher »gesammelter Arbeit« des Kindes braucht der Erzieher nur »Achtung vor der Arbeit des Kindes zu haben und er muss imstande sein, vertrauensvoll warten zu können«. Auch in diesem Zusammenhang gilt Montessoris Leitwort für den Erzieher und seine Aktivitäten.

»Warte und beobachte.« Sie nennt eine Reihe von Verhaltensweisen in der erzieherischen Leitung: »Der Erzieher muss das Kind leiten,

- ohne es seine Gegenwart zu sehr fühlen zu lassen
- so dass er immer zu erwünschter Hilfe bereit sein kann
- aber niemals hindernd zwischen dem Kinde und seiner Erfahrung steht
- die kindliche Begeisterung für die Sachkenntnis lebendig halten
- dem kindlichen Tun mit ruhiger und abwartender Achtung gegenüberstehen
- und es nicht in seinen Bewegungen und Erfahrungen beschränken.«

2.3.2 Die Vorbereitung der Erzieher. Leiter und Organisator der kindlichen Arbeit

Montessori bezeichnet die Selbstvorbereitung der Erzieher als die erste erzieherische Aufgabe.

Selbstvorbereitung: In der Selbstvorbereitung geht es um die ausdrückliche Besinnung auf die eigene Einstellungshaltung gegenüber den Kindern und die innere Ausrichtung auf eine positive Sicht der Kinder. In dieser Selbstvorbereitung stellt sich der Erzieher bewusst ein auf das, was ihn erwartet. Dazu muss er die ihn erwartende Arbeit und die dem Material, also den Entwicklungsmitteln vorbehaltene Aufgabe gut kennen. Damit wird ein bestimmtes Maß an reflexiver Vor- und Nachbesinnung gefordert. Es geht um das Bedenken des eigenen Anteils an der mit den »Bildungsmotiven« vollzogenen »gesammelten Arbeit« des Kindes.

Vorbereitung der Umgebung – Organisation der kindlichen Arbeit: Hinsichtlich der aktiven Aufgabe der Erzieher – vor allem in der beruflichen, professionellen Arbeit – ist es wichtig, dass sie die der Umgebung und die den Materialien oder Motiven vorbehaltene Aufgabe gut kennen. Insgesamt ergeben sich vier konkrete Aufgabenbereiche:

♦ Kenntnis der Übungen und Materialien
♦ Ordnung und Pflege der vorbereiteten Umgebung
♦ Überwachung der kindlichen Arbeit
♦ Lektionen – Unterweisung.

Interessanterweise nennt Montessori unter den drei Aspekten erzieherischer Verhaltensweisen neben der kulturellen Pflege der Umgebung auch die kulturelle Gepflegtheit der Erzieher. Der Erzieher ist der »lebendigste Teil der Umgebung. Somit gehört die Pflege seiner Person zur Umgebung des Kindes«. In einer sehr komplexen Aussage verweist Montessori angesichts der angemessenen Verhaltensweisen der Erzieher auf den »Takt«, den sie im Laufe der Vorbereitungen erlernen. Die sich entwickelnde Fähigkeit zum Takt ist eine der Grundlagen, auf denen sich der empathische Stil der Erzieher herausbildet.

2.4 Die Empfindungsperiode 0–4 Jahre

Wie erwähnt, gilt Montessori als Richtlinie im Erzieherverhalten die Tatsache, dass das Kind von Geburt an einen Weg aufeinander folgender Unabhängigkeitgrade durchläuft. So stellt sie in einem anderen Zusammenhang klar, »dass man den Aufbau des kindlichen Geistes nicht verstehen kann ohne die Kenntnis der sensiblen Perioden und der Reihenfolge ihres Ablaufs«. Hinsichtlich der Eigenheiten und Merkmale auf dem Weg aufeinander folgender Unabhängigkeitsgrade gelangt Montessori – je nach Fragestellung – zu sehr unterschiedlichen Zeiteinteilungen.

2.4.1 Altersabschnitte und Entwicklungsphasen

Bekannt sind die bio-psychischen Intervalle der sensiblen Phasen mit den besonderen Empfänglichkeiten (Sensibilitäten).

0–6 Jahre:	schöpferisch-konstruktiv
0–3 Jahre:	Sensibilitäten: Bewegung, Ordnung, Sprache
3–6 Jahre:	Sensibilitäten: Analyse, Realisierung, Perfektionierung, soziale Kohäsion; generelle Sensibilität: Beobachtung
6–12 Jahre:	Erweiterung des Aktionsradius, Übergang zur Abstraktion; moralisch-soziale Sensibilität
12–18 Jahre:	Unterphasen 12–15 und 16–18 Jahre: soziale Dominanz; Bedürfnis nach Schutz und Geborgenheit; Sensibilität für persönliche Würde und Achtung der eigenen Person; Bedürfnis, die eigene Rolle und Nützlichkeit in der menschlichen Gesellschaft zu begreifen und zu erfahren.

Unter dem Aspekt der Persönlichkeitsbildung nennt Montessori zwei große Lebenszyklen oder -abschnitte:

0–12 Jahre:	(mit der Unterteilung 0–6 und 7–12 Jahre): Zeit der Kindheit mit einer generellen Dominanz der Sensibilität für die individuelle Entwicklung und Bildung der Person
12–18 Jahre:	Zeit der Jugend mit einer generellen Dominanz der Sensibilität der gesellschaftlich orientierten Bildung der Person.

Merkmale in den Phasen der Entwicklung von Intelligenz und Religiosität innerhalb der ersten Hälfte der Kindheit (0–7 Jahre). Montessori nennt innerhalb dieser Zeit zwei Perioden von größter Wichtigkeit:

0–4 Jahre: die Empfindungsperiode mit der Einbettung aller kindlichen Bildungsaktivitäten in Empfindung und Gefühl
4–7 Jahre: die Unterweisungsperiode mit der Offenheit des Kindes für direkte Unterweisungen

Die Empfindungsperiode weist eine weitere Unterteilung auf:

0–2 Jahre: die Zeit, in der das Kind »gewahrt«, was es umgibt und die Entwicklung der Liebe zur Umgebung.
2–4 Jahre: die Zeit der differenzierten Aufnahme der Außenwelt mit ihrer Gleichzeitigkeit einer sinnenhaften und geistigen Stufe sowie der Neigung, sich über das Materielle hinaus zu erheben.

Fundierung der Intelligenzentwicklung in Empfindung und Gefühl: Aufgrund der Eigenart – die Einbettung der Intelligenzentwicklung in Empfindung und Gefühl – befassen sich die folgenden Überlegungen mit dem Zeitraum von 0–4 Jahren. Montessori unterteilt diese Alterspanne noch einmal in das Alter von 0–2 Jahren, jener Zeitraum, in dem das Kind »gewahrt«, was es umgibt und in dem sich seine Liebe zur Umgebung entwickelt. Von besonderer Bedeutung in dieser Zeit ist die beobachtende Sensibilität, die sich im ersten Lebensjahr in besonderer Weise den unauffälligen und winzigen Phänomenen zuwendet und zwar in einer Art leidenschaftlicher Zuwendung und Energie. Das Alter von 2–4 Jahren charakterisiert Montessori als die Zeit der differenzierten Aufnahme der Außenwelt mit ihrer Gleichzeitigkeit einer sinnenhaften und geistigen Stufe sowie der Neigung, sich über das Materielle hinaus zu erheben. Die Sensibilitäten der Analyse und Vervollkommnung der bisherigen Erfahrungen und erworbenen Funktionen leiten kindliche Neigungen und Interessen. Das Kind entwickelt die Tendenz, sein bisheriges Können zu überschreiten und ein höheres Qualitätsniveau zu erreichen. Diese beschriebene Zeitspanne mit ihren Sensibilitäten ermöglicht es, die kindliche Entwicklung in den ersten vier Jahren komplexer zu erfassen, so dass Orientierungslinien für das erzieherische Verhalten und Handeln deutlicher in den Blick geraten.

Empfindung und Gefühl – Koeffizienten des Menschseins: Die Fundierung oder Einbettung der Intelligenzentwicklung in Empfindung und Gefühl entspricht Montessoris Auffassung von der »komplexen Bildung« der kindlichen Persönlichkeit. So nennt sie die sozialen Gefühle in den Beziehungen mit anderen und das Gefühl der Würde aufgrund der Erfahrung des Sich-selbst-Genügens, des Könnens, »Koeffizienten des Menschseins«, die alle kindlichen Erwerbungen begleiten. Damit rücken die Entwicklungsbegleiter – Empfindung und Gefühl – ins Zentrum der Betrachtung. Auf diese Weise lassen sich Anforderungen an die frühkindliche Erziehung und Bildung nachvollziehen, die Montessori umschreibt als Aufgabe, »Feinstes zu verstehen suchen«, als »feinfühliges Eingreifen«, als »bedachte Anteilnahme einer liebevollen Fürsorge« oder als »Freundlichkeit« in der Behandlung des Kindes, jene »Freundlichkeit, die wir in ihm zu entwickeln wünschen«. Mit den Koeffizienten der komplexen kindlichen Persönlichkeitsbildung – den Entwicklungsbegleitern

Empfindung und Gefühl – spricht Montessori die empathische Fundierung kindlicher Lern- und Bildungsprozesse an, die – spätestens – von Geburt an gegeben ist.

2.4.2 Der Komplex frühkindlicher Bildungsprozesse

Montessori spricht von »starken Koeffizienten der komplexen Bildung der Persönlichkeit«. Konkret nennt sie soziale Gefühle der Würde, die das Kind überkommen, »wenn es lernt, sich selbst zu genügen in einer Umgebung, die es bewahrt und beherrscht; all das sind Koeffizienten (mitwirkende Faktoren) des Menschseins und Menschwerdens«.

Die Komplexität frühkindlicher Bildungsprozesse – Ganzheitlichkeit: Die Persönlichkeit ist eine und sie ist unteilbar, so Montessori, und folgert, »dass der Geist eine Einheit, ein Ganzes ist, das nicht in eine Anzahl getrennter geistiger Fähigkeiten wie Gedächtnis, Verstand, Aufmerksamkeit und Gedankenassoziation getrennt werden kann«, die alle einzeln und bewusst zu üben wären.

Als Medizinerin wählt Montessori einen operativen Vergleich zur Beschreibung solch pädagogischen Handelns und spricht daher von »Vivisektionisten der menschlichen Personalität«, die durch die getrennte Förderung einzelner menschlicher Bereiche sozusagen einen Eingriff am lebenden Organismus vornehmen und ihn zerlegen in einzelne Teile. Solcherart handelnde Pädagogen stimmen z. B. darin überein, dass die Phantasie wichtig ist. Aber sie möchten sie getrennt von der Intelligenz bilden, gerade so, wie sie diese von der Aktivität der Hand trennen wollen. Entsprechend der Einheit der ganzen Persönlichkeit des Kindes benennt Montessori eine Reihe von pädagogischen Vorgaben:

- Die ganze Persönlichkeit des Kindes muss beansprucht werden.
- Die ganze Persönlichkeit des Kindes muss handeln dürfen.
- Der Hand des Kindes muss erlaubt werden, Seite an Seite mit der Intelligenz zu arbeiten.
- Es gilt, die Phantasie des Kindes anzustoßen, so dass es sich zutiefst begeistert.
- Es ist wichtig, dem Kind bei seiner geistigen, emotionalen wie auch physischen Entwicklung zu helfen.

Als Kennzeichen einer komplexen, ganzheitlichen Persönlichkeitsbildung nennt sie das geistige und affektive Gleichgewicht. Dabei dienen die sozialen Beziehungen der Aufrechterhaltung des inneren Gleichgewichts.

Die Fundierung kindlicher Bildungsprozesse in Empfindung und Gefühl: »Leben heißt Lernen.« Dazu aber, so Montessori, muss das ganze Leben des Kindes in das jeweils zu Lernende eintauchen. Das Kind »dürstet danach, zu lernen und Liebe in sich aufzuspeichern«. Kinder haben eine Sensibilität, die aus dem Herzen kommt. Sie sind eingetaucht in eine geistige Atmosphäre.

Schaukraft der Liebe – Merkmal des Kindesalters – Mit dem Blick auf die frühen Jahre des Kindes spricht Montessori von einem Merkmal des Kindesalters, das sie als Schaukraft der Liebe bezeichnet (siehe auch Tabelle 1 in Kapitel I.1.1). Sie drückt sich früh aus in der besonderen kindlichen Sensibilität der Beobachtung als Liebe zur Umgebung. »Der Intelligenz des Kindes entgeht auch das Verborgene nicht, eben weil es mit Liebe beobachtet, nie aber mit Gleichgültigkeit. Dieses aktive, brennende, eingehende und dauernde Sichversenken in Liebe ist ein Merkmal des Kindesalters.« Neben den beschriebenen Merkmalen der kindlichen Schaukraft nennt Montessori weitere:

- Die kindliche Liebe kommt aus der Intelligenz und sie baut auf, indem sie liebevoll sieht und beobachtet.
- Sie betätigt sich mit liebevoller Genauigkeit.
- Es ist die Liebe, die zur intelligenten Aktivität führt, zum Erzeugen, zur Arbeit des Menschen.
- Die Liebe ist der leitende Antrieb der Handlung.
- Die Liebe treibt zum Erkennen, zum Kontakt zwischen der geliebten Sache und dem Geist, der zum Schaffen führt.

Gleichzeitigkeit von geistiger und gefühlsmäßiger Entwicklung – Montessori bezieht sich auf ihre Beobachtung, dass das Kind nur im frühen Alter mit einer feineren Sensibilität und einem brennenderen Interesse ausgestattet ist. Es wird im späteren Alter nur dann zu einem exakten Studium und zu wissenschaftlicher Arbeit fähig sein, wenn es bereits früher »Gefühl und Empfindung für solche Gegenstände erworben hat. Es wird dann nicht mehr bloße Neugier besitzen, sondern ein tiefes Interesse, einen auf dem Gefühl gegründeten Enthusiasmus« – Begeisterung für eine Sache. Montessori fasst diese Stadien von

- feinerer Sensibilität
- brennenderem Interesse
- Neugier und
- auf dem Gefühl basierenden Enthusiasmus

in einer einzigen Forderung zusammen: »Das Kind müsste alles, was es lernt, lieben, weil seine geistige und seine gefühlsmäßige Entwicklung miteinander verbunden sind.«

Mit dem Blick auf die »Religion als universale Empfindung« heißt es, dass das religiöse Empfinden des Kindes mit der Geburt beginnt und es für solche Gefühle von Anfang an sensibilisiert ist. Das große religiöse Gefühl, so Montessori, »ist wohl nicht an eine genaue Kenntnis gebunden. Vielleicht kann es durch diese Kenntnis unterstützt und begleitet werden. Es gibt diese Seite des Gefühls, die die wichtigste Seite ist«. Sie setzt die Beschreibung dieses Entwicklungsintervalls des Gefühls fort. »Empfinden entsteht, ein volles Leben, ein tiefes Interesse, das erwächst, und das ist eine Aktivität« – eine Bildungsaktivität.

Entwicklungsintervalle des Gefühls: Neben der komplex-ganzheitlichen Mitwirkung von Empfindung und Gefühl charakterisiert Montessori aber auch erkennbare Intervalle, Stadien und Sensitivitäten der Gefühlsentwicklung von Geburt an. »Auch das Gefühl muss sich entwickeln.« Das betrifft in besonderer Weise die ersten drei Lebensjahre des Kindes, für die Montessori die erkennbaren und beobachtbaren Abfolgen von Mimikry, Nachahmung und Anpassung behandelt.

In diesem Zusammenhang ist darauf zu verweisen, dass Montessori nicht ausdrücklich die heute so benannte motorische Mimikry behandelt. Der Begriff Mimikry ist ihr aber bekannt und sie verwendet ihn sozusagen analog. So spricht sie vergleichsweise von einer psychischen Mimikry und nennt es einen Vorgang, durch den das Kind in seiner frühesten Zeit sich dem Verhalten seiner sozialen Umwelt anpasst. Die Fundierung oder Einbettung der Intelligenzentwicklung in Empfindung und Gefühl entspricht Montessoris Auffassung von der komplexen Bildung der kindlichen Persönlichkeit. So nennt sie, wie erwähnt, die sozialen Gefühle in den Beziehungen mit anderen und das Gefühl der Würde aufgrund der Erfahrung des Sich-selbst-Genügens, des Könnens, die Koeffizienten des Menschseins, die alle kindlichen Erwerbungen begleiten.

Damit rücken die Entwicklungsbegleiter – Empfindung und Gefühl – ins Zentrum der Betrachtung. Auf diese Weise lassen sich Anforderungen an die frühkindliche Erziehung und Bildung nachvollziehen, die Montessori umschreibt als Aufgabe, »Feinstes zu verstehen suchen«, als »feinfühliges Eingreifen«, als »bedachte Anteilnahme einer liebevollen Fürsorge« oder als »Freundlichkeit« in der Behandlung des Kindes, jene Freundlichkeit, die wir in ihm zu entwickeln wünschen. Mit den Koeffizienten der komplexen kindlichen Persönlichkeitsbildung spricht Montessori die empathische Fundierung kindlicher Lern- und Bildungsprozesse an, die spätestens von Geburt an gegeben ist.

Empathische Fundierung kindlicher Lern- und Bildungsprozesse: Die empathische Fundierung betrifft den Zusammenhang von Empathie (Einfühlung), Nachahmung und Anpassung in einem sozial-vitalen Verständnis. Montessori fasst diesen Komplex frühkindlichen Lernens in einem kurzen Satz zusammen: »Das Kind tut, was es beobachtet hat.«

Motorische Mimikry – Die frühkindliche Beobachtung, die bereits in den »Phasen wacher Inaktivität« (Stern) des Säuglings zum Vorschein kommt, verläuft über elementare empathische Vorgänge, die der gegenwärtigen Hirnforschung als Tätigkeit der Spiegelneuronen bekannt geworden sind. So gilt nach wissenschaftlichem Verständnis das Mitschreien eines Säuglings mit einem anderen schreienden, wie bereits erwähnt, als »motorische Mimikry«. Montessori bezeichnet den Vorgang, in dem das Kind das Verhalten oder die Eigenarten der Menschen in seiner Umgebung in sich aufnimmt und in sich selber reproduziert, als eine »Art von psychischem Mimikry«. So wird das Kind während seines Wachstums nicht einfach ein

Mensch, sondern ein Mensch seines Volkes. Mit dieser Beschreibung – so heißt es weiter – »haben wir ein psychisches Geheimnis angerührt, das von vitaler Bedeutung für die Menschheit ist: das Geheimnis der Anpassung«.

Das Wort »Empathie« wurde in den 1920er Jahren erstmals von dem amerikanischen Psychologen E.B. Titchener benutzt. Er wählte es zur wissenschaftlichen Beschreibung der »motorischen Mimikry«, dem physischen Mitfühlen des Kummers eines anderen. Empathie hat etwas mit der »Einfühlung« zu tun. Nach Titcheners Theorie geht die Empathie auf eine Art physischer Nachahmung des Kummers eines anderen zurück, die dann bei einem selbst die entsprechenden Gefühle hervorruft. Für das Phänomen der motorischen Mimikry als eine Art physischer Nachahmung gibt es seit 1992 eine hirnphysiologische Erklärung hinsichtlich ihrer empirischen Basis: die Aktivität von Spiegelneuronen (siehe Kapitel 2.1.3). Goleman beschreibt sie folgendermaßen:

- »Eine neu entdeckte Klasse von Neuronen, die Spindelzellen, feuern schneller als andere Zellen und beeinflussen unsere unbewussten sozialen Entscheidungen. Dieser Zelltyp kommt im menschlichen Gehirn weit häufiger vor als im Gehirn anderer Lebewesen.
- Zellen eines anderen Typs, die Spiegelneuronen, erkennen die Bewegungen anderer Menschen und aktivieren ein sensomotorisches Programm, das bei uns dieselben Bewegungen und Gefühlsregungen auslöst.«

Nachahmung und Anpassung: Montessori verwendet den Begriff der Anpassung kindlichen Verhaltens an Orientierungsmuster – etwa von Erwachsenen – im Sinne einer aktiven »Anstrengung« des Kindes. Gemeint ist die Tendenz einer Verhaltensentsprechung. So nennt sie, wie erwähnt, das

Geheimnis der Anpassung – ein vitaler Vorgang – eine Art von psychischer Mimikry. Das Kind nimmt die Eigenarten von Menschen seiner Umgebung in sich auf und reproduziert diese in sich selbst. Diese Art von Nachahmung datiert Montessori um das kindliche Alter von 1½ Jahren. »Es ist eine Periode der Anstrengung und des Aufbaus.« Entgegen der früheren pauschalen Auffassung eines einfachen kindlichen Nachahmens guter Beispiele differenziert sie (1948): »Das Beispiel bietet nur eine Anregung zur Nachahmung, aber es ist nicht das Wesentliche. Was zählt, ist das Sichentfalten der Nachahmungskraft, nicht die Verwirklichung des gegebenen Beispiels. Hat das Kind einmal mit dieser Anstrengung begonnen, übertrifft es oft das Beispiel.«

Montessori verweist in diesem Zusammenhang auf die Notwendigkeit eines intellektuellen Umgangs mit den Anstrengungsanregungen eines Beispiels. »Heute wird uns bewusst, dass das Kind zuerst verstehen muss, bevor es nachahmt.« Hinsichtlich dieser Art von reflektierter Nachahmung, die den ganzen Bereich der qualitativen Entwicklung kindlicher Persönlichkeitsbildung betrifft, stellt Montessori fest, dass Nachahmung ohne Vorbereitung nicht möglich ist. Sie spricht von indirekter Vorbereitung durch Entfaltung der Nachahmungskraft: erst zu verstehen und sich dann anzustrengen, um dem so verstandenen Verhalten Ausdruck zu verleihen, es in sich selbst aufzubauen und zu reproduzieren. Die Anstrengung selbst zielt nicht auf die Nachahmung, sondern darauf, in sich selbst die Möglichkeit zur Nachahmung zu schaffen, »sich selbst auf die gewünschte Weise zu verändern« (erheben).

Diese Vorgänge verweisen auf die Sensibilitäten der Entwicklungsphase 2–4 Jahre. Montessori umschreibt sie als Tendenz zur gleichzeitig sinnenhaften und geistigen Aufnahme der Außenwelt, verbunden mit der Neigung, sich über das

Materielle zu »erheben«. Mit dem Blick auf erzieherische Hilfe-
stellung sind zwei Dinge zu bedenken. Da ist zum einen die
Bedeutung des Erziehers in seiner personalen Ganzheit als Anreger kindlicher Nachahmung und Handelns. Zum anderen ergibt sich die Frage nach Hilfen zur Entfaltung der kindlichen
Nachahmungskraft, dem Antrieb zur Anstrengung des Kindes,
in sich selbst die Möglichkeiten zur Nachahmung zu schaffen.
Sofern man Montessori folgt, fallen die Aufgabenbereiche des
Erziehers ineinander. Sie sind in der Phase 0–4 Jahre empa-
thisch verwurzelt in den Entwicklungsbegleitern oder Koeffizienten des Menschseins, in Empfindung und Gefühl.

2.4.3 Das komplexe Phänomen der Empathie. Empathische
Resonanz und Reaktion – emotionale Bildung

Die Bedeutung und Wirkweise der inzwischen auch wissen-
schaftlich-empirisch untersuchten »empathischen Resonanz«
und »empathischen Reaktion« vermag Einblick in die entwick-
lungsbegleitende Funktion des Gefühls als Koeffizienten des
Menschen zu geben. Die empathische Verwurzelung der frühkindlichen Intelligenzentwicklung und Lernprozesse macht es
erforderlich, dem Phänomen der Empathie etwas genauer
nachzugehen.

Empathie und Einfühlung: Für den Begriff der Empathie bezieht sich Goleman auf den deutschen Philosophen Theodor
Lipps (1851–1914). Dieser verstand die Bezeichnung Empathie als Einfühlung im Sinne einer inneren Nachahmung
der Gefühle eines anderen Menschen. So hat man bei der Beobachtung eines Artisten auf dem Hochseil z. B. das Gefühl,
in ihm zu sein. Die Neurowissenschaft, so Goleman, bestätigt diese Fähigkeit, die Emotionen eines anderen Menschen

im eigenen Körper zu empfinden. Die Empathie ist umso stärker, je aktiver die Spiegelneuronen sind.

Die Bedeutung der Empathie – Lernschritte: Goleman verweist in diesem Zusammenhang darauf, dass die heutige Psychologie den Begriff Empathie in drei verschiedenen Bedeutungen versteht:

♦ die Gefühle anderer Menschen zu erkennen
♦ zu empfinden, was der andere empfindet und
♦ auf die Notlage des anderen mitfühlend zu reagieren.

Diese drei Varianten lesen sich nach Goleman wie eine Kette von drei Schritten:

♦ Ich nehme dich wahr.
♦ Ich fühle mit dir.
♦ Daher schicke ich mich an, dir zu helfen.

Abb. 7

Abb. 8

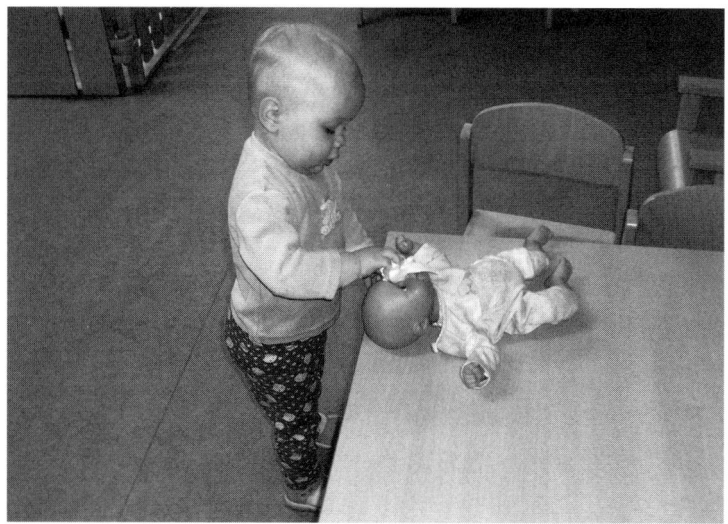

Abb. 9

Die Bedeutung der Erzieher in den frühen Jahren des Kindes   99

Die Sequenz von wahrnehmen, mitfühlen und entsprechend helfen lässt sich bereits in Interaktionsvorgängen sehr junger Kinder beobachten. Ein 12 Monate alter Junge weint im Trennungsschmerz von seiner Mutter, die soeben die Kindertagesstätte verlassen hat. Ein 15 Monate altes Mädchen erbettelt mit hoch erhobenen Händen bei der Erzieherin ein Tempo-Taschentuch und versucht mit ungeschickten Handbewegungen die Tränen des kleinen Jungen abzuwischen. Anschließend erbittet die Kleine ein weiteres Taschentuch, um dann das Tränenabwischen an einer Puppe zu üben. Die Serie von Abb. 7 bis 9 zeigt dies sehr schön.

Soziale Dimension und Wirkungen der Empathie: Goleman verweist auf die soziale Dimension der Empathie – ihre Verbindung stiftende Bedeutung. »Sobald wir bei jemand anderem eine Empfindung wahrnehmen, fühlen wir uns mit ihm verbunden. Je mehr wir uns dabei anstrengen oder je intensiver der Ausdruck des Gefühls ist, desto stärker empfinden wir es in uns.« Empathische Vorgänge haben eine Brückenfunktion zwischen Individuen und leiten Austauschprozesse ein. Die beschriebene nonverbale Austausch-Situation im Umgang mit kindlichem Schmerz bei noch sehr jungen Kindern macht dies deutlich. Die Phänomene einer empathischen Resonanz und Reaktion treten ans Licht.

Neuronale Basis der Empathie – Spiegelneuronen: Wenn wir den inneren Zustand einer Person erfassen oder ihre Gefühle nachempfinden, sind die für Nachahmung zuständigen und schon erwähnten Neuronen im Spiel. Neuronale Spiegelungsprozesse finden immer dann statt, wenn unsere Wahrnehmung einer anderen Person in unserem Gehirn automatisch Bilder oder Empfindungen aktiviert, die dem entsprechen, was diese Person gerade tut oder zum Ausdruck bringt.

Neuronaler Widerhall: Goleman spricht angesichts des beschriebenen Wechselwirkungsprozesses von einem Widerhall in den entsprechenden Schaltkreisen unseres Gehirns. Es kommt zu einer »empathischen Reaktion, die als Vorstufe des tätigen Mitgefühls wirkt. Unser Gehirn ist auf mitfühlendes Empfinden voreingestellt«. Von dem eine empathische Reaktion auslösenden Widerhall heißt es an anderer Stelle: »Indem die Spiegelneuronen eine Brücke zwischen individuellen Gehirnen schlagen, erschaffen sie ein lautloses Duett, das ebenso subtile wie wirkungsvolle Austauschprozesse ermöglicht.« Dies bedeutet, dass wir auf der unbewussten Ebene ständig im Dialog mit anderen Menschen sind, mit denen wir Kontakt haben. Unsere Gefühle und Bewegungen sind mit den ihren verbunden. Hier liegen die Chancen für die kleinen Kinder in der nonverbalen Phase ihrer Entwicklung, eine Chance die mit der beschriebenen Foto-Serie dokumentiert wird.

2.4.4 Empathie und emotionale Bildung – Faktoren der Gefühlsbildung

Die genannten drei Schritte in der Entwicklung kindlicher Empathie lassen sich als Aufgaben in der kindlichen Gefühlsentwicklung verstehen: die Gefühle anderer kennen lernen, sie mitempfinden und mitfühlend-tätig zu reagieren. Goleman nennt Verhaltensweisen, die den empathischen Entwicklungsweg und seine Gestaltung strukturieren. Unsere Empathie ist dann am stärksten, wenn wir uns ganz auf den anderen einlassen und so mit ihm eine emotionale Verbindung eingehen können. Er zählt Faktoren auf, die dazu erforderlich sind:

(1) Sich Zeit nehmen, um auf die Dinge und Menschen um uns herum zu achten. Achtsamkeit und Aufmerksamkeit sind die Grundlage, die zur Beachtung führt. »Fehlt es an Aufmerksamkeit, hat Empathie keine Chance.«

(2) Bereitschaft, sich auf das Wahrgenommene und Beachtete einzulassen. »Je aufmerksamer wir sind, desto besser nehmen wir die innere Befindlichkeit unseres Gegenübers wahr.« Feinabstimmung ist also der Weg, der zu tätigem Mitgefühl führt. Je angespannter wir sind, umso geringer ist unsere Fähigkeit, die Gefühle unserer Umgebung nachzuvollziehen.

(3) Die Verbindung zwischen Empathie und Handeln verläuft über die Spiegelneuronen. Diese können die ganze Tiefe der Empathie erzeugen, müssen es aber nicht. Die volle Entwicklung der empathischen Reaktion hängt von der erforderlichen Aufmerksamkeit und Feinabstimmung ab. Sie bietet damit echte Bildungschancen in der Gefühlserziehung, der emotionalen Bildung.

Das Sich-Einstellen eines tätigen Mitgefühls hängt von der Sensibilisierung der empathischen Reaktion ab, die zu einem »Gefühl der Erhebung« führt, wie Goleman es formuliert. »Oft genügt es bereits zu hören, dass jemand Hilfe geleistet hat, um ein warmes, erhebendes Gefühl zu verspüren. Von einem solchen Gefühl ist in psychologischen Studien häufig die Rede, wenn jemand von Erlebnissen berichtet, bei denen er einen spontanen Ausdruck von Mut, Toleranz oder Mitgefühl beobachtet hat. Die meisten Menschen verspüren in solchen Situationen eine innere Bewegung, manche sind regelrecht begeistert. Auf die Frage angesprochen, was das erwähnte erhebende Gefühl auslöst, werden am häufigsten Fälle genannt, in denen armen, kranken und anderen Menschen geholfen wurde, die in eine missliche Lage geraten waren.« Der Autor verweist in diesem Zusammenhang auf Forschungsergebnisse, die den Schluss nahe legen, »dass das Gefühl der Erhebung überspringt«. Solche sozialen Folgen sind möglicherweise ein Grund dafür, dass in Sagen und Märchen der Welt so viele Gestalten vorkommen, die anderen durch ihren beherzten Einsatz helfen. Das Überspringen des Gefühls der Erhebung ist allerdings an eine Bildungsvoraussetzung gebunden: »Schon ein wenig Achtsamkeit kann einem ein wenig von diesem positiven, erhebenden Gefühl vermitteln.«

2.5 Erzieher und emotionale Bildung

Auf »wissenschaftliche und vernünftige Weise müssen wir die innere Arbeit seelischer Anpassung erleichtern, die sich im Kinde zu vollziehen hat«. Diese Forderung differenziert Montessori, wenn sie auf die Notwendigkeit verweist, dem Kind von Geburt an Motive zu seinen Bildungsaktivitäten anzubieten.

2.5.1 Parallele Wege von Intelligenz- und Gefühlsbildung

In einem Brückenschlag zur moralischen Erziehung, die sich mit den Qualitäten menschlichen Handelns und Verhaltens befasst, unterscheidet Montessori die intellektuelle Erziehung von der Gefühlserziehung, die in jenem Sinn ihre sensitive Basis hat, durch die das Kind fähig ist zu lieben. In diesem Zusammenhang verweist sie auf zwei parallele Wege mit zwei analogen Begriffen:

♦ die Erziehung der Sinne und die Freiheit, die Intelligenz nach eigenen Gesetzen aufzubauen auf der einen Seite, und
♦ die Erziehung des Gefühls und die geistige Freiheit, sich zu erheben, auf der anderen Seite.

Angesichts dieser Unterscheidung charakterisiert sie die Bedeutung der Erzieher gegenüber den Kindern in mehrfacher Hinsicht.

2.5.2 Der Erzieher – Anreger kindlicher Gefühlsbildung

Von der generellen Anregungsfunktion der Erzieher für die Gefühlsbildung des Kindes heißt es:

♦ »Wir sind ihre ›Anreger‹, an denen sich ihre Gefühle entwickeln müssen, die sich auf zarte Weise entwickeln.
♦ Für den Verstand gibt es viele Gegenstände – die Farben, die Form, aber für den Geist sind wir selbst da.
♦ Wir sind die Nahrung für die Seelen der Kinder, sie müssen sich mit ihrem Herzen auf uns richten, wie die Aufmerksamkeit sich auf einen bevorzugten Gegenstand richtet, und in der Liebe zu uns sich in ihrer innersten geistigen Schöpfung erheben.«

2.5.3 Der Erzieher – »Gegenstand« kindlicher Liebe

In Analogie zur didaktischen Bedeutung der Gegenstände innerhalb der vorbereiteten Umgebung zieht Montessori einen ungewöhnlichen Vergleich mit den Eigenschaften und Funktionsweisen der Materialien.

♦ »Wir sind die ›Gegenstände‹ seiner Liebe – die Gegenstände, mit deren Hilfe sich sein (des Kindes) Leben organisiert.
♦ Es ist deshalb erforderlich, sich in jedem Sinne mit moralischem Reichtum anzufüllen und in jeder Einzelheit voller Antworten zu sein,
♦ immer bereit sein wie ein passiver Gegenstand,
♦ nicht kalt, sondern indem wir fühlen lassen, dass wir ein

reiches Material enthalten, das zur Verfügung steht, bereit genommen zu werden,

♦ uns nie aus Egoismus den Bedürfnissen des Kindes entziehen,
♦ wir müssen ihm mit allen Kräften entsprechen, und
♦ es nie mit unseren Zärtlichkeitsausbrüchen überfallen, aber auch nie seine Zärtlichkeit zurückweisen;
♦ passiv in der Selbstverleugnung (dem Verzicht) wie aktiv als Quelle der Liebe.«

Montessori fasst die Wirkung der umschriebenen empathischen Verhaltensweisen in einem Satz zusammen: »Das Wachhalten und die Vervollkommnung der inneren Sensibilität bilden das Wesen der moralischen Erziehung.«

2.5.4 Grundsätze des empathischen Erziehungsstils

Außer der personalen Bedeutung des Erziehers als Anreger kindlicher Gefühlsbildung nennt und beschreibt Montessori eine Reihe empathischer Verhaltensweisen im konkreten kindlichen Bildungsgeschehen.

Warten und beobachten: In ihrem Handbuch formuliert Montessori das schon mehrfach erwähnte Leitwort für Erzieher: »Warte und beobachte!« Sie spricht an anderer Stelle von einer »neuen Erziehung, die das Kind zunächst beobachtet, bevor sie sich anmaßt, es erziehen zu wollen«. Mit der bereits mehrfach genannten Forderung nach Warten und Beobachten spricht Montessori eine elementar empathische Verhaltensweise im Blick auf frühkindliche Erzieher an.

Bedachte Anteilnahme einer liebevollen Fürsorge: Montessori weist in diesem Zusammenhang auf etwas Prinzipielles hin: »Nicht durch gleichgültige Untätigkeit helfen wir der kindlichen Seele bei allen Schwierigkeiten ihrer Entwicklung, sondern durch die bedachte Anteilnahme einer liebevollen Fürsorge.« Sie differenziert das Verhalten einer bedachten Anteilnahme:

- ◆ »Lasst uns warten und immer gern an den Freuden und Schwierigkeiten, die das Kind erfährt, teilnehmen.
- ◆ Es fordert unsere Sympathie heraus und wir sollten dem voll und gern entsprechen.
- ◆ Lasst uns endlos Geduld haben mit seinem langsamen Fortschritt und
- ◆ Begeisterung und Freude bei seinen Erfolgen zeigen.«

Feinstes zu verstehen suchen: Achtsamkeit durch Beobachtung und Warten durch Geduld ermöglichen eine erzieherische Grundhaltung, die Montessori schon für das Kind in der Familie formuliert und fordert. »Feinstes zu verstehen suchen und rücksichtsvollste Behandlung des Kindes ist eine Gewissensfrage für uns. Beginnen wir damit, für eine erste Lebensnotwendigkeit des Kindes Sorge zu tragen: eine Welt, eine Umgebung zu schaffen, die ihm entspricht.«

Feinfühliges Eingreifen – Takt: Innerhalb der Welt oder Umgebung des Kindes kommt dem Erzieher die Aufgabe zu, die Kinder in ihrer Entwicklung zu leiten. Eine erfolgreiche Entwicklung des Kindes hängt vom feinfühligen Eingreifen der Erzieher ab, das Montessori auch als Taktgefühl bezeichnet.

Leitung als Wachhalten kindlicher Begeisterung: Wie schon früher erwähnt, differenziert Montessori die empathische Verhaltensweise der Feinfühligkeit oder das Taktgefühl. Generell sagt sie, dass das Geheimnis wahrer Leitung darin bestehe,

♦ die Begeisterung des Kindes für die Sachkenntnis lebendig zu halten.
♦ Der Erzieher muss das Kind leiten, ohne es seine Gegenwart zu sehr fühlen zu lassen,
♦ so dass er immer zu erwünschter Hilfe bereit sein kann,
♦ aber niemals hindernd zwischen dem Kind und seiner Erfahrung steht.

Er hält die Begeisterung wach,
♦ wenn er dem kindlichen Tun mit ruhiger und abwartender Achtung gegenübersteht,
♦ und es nicht in seinen Bewegungen und Erfahrungen beschränkt.

In dieser Differenzierung wird die eingangs erwähnte »weise Zurückhaltung« umschrieben.

Achtungsvolle und höfliche Behandlung: Montessori spricht im Konjunktiv von einem großen Grundsatz für Erzieher: Wären wir in unserem Verhalten den Kindern gegenüber achtungsvoll und höflich, würden wir sie behandeln, wie wir selbst behandelt werden möchten, würden wir zweifellos ein Beispiel guter Erziehung geben. Kinder sind menschliche Wesen, denen Achtung gebührt.

Behandlung mit Freundlichkeit – Anregung für kindliche Nachahmung: Montessori spricht in diesem Zusammenhang die Bedeutung der Freundlichkeit für die Nachahmungstendenz der Kinder an. »In der Regel haben wir jedoch keine Achtung vor unseren Kindern. Wir suchen sie zu zwingen, uns zu folgen, ohne auf ihre besonderen Wünsche Rücksicht zu nehmen. Wir sind anmaßend und vor allem roh gegen sie, und dann erwarten wir, dass sie unterwürfig und artig sein werden, während wir doch wissen, wie stark ihr Nachahmungstrieb und wie rührend ihr Glaube an uns und ihre Bewunderung für uns ist. In jedem Fall werden sie uns nachahmen. Lasst uns sie also mit aller Freundlichkeit behandeln, die wir in ihnen zu entwickeln wünschen.«

In diesem Zusammenhang weist Montessori eindeutig den Zusammenhang zwischen empathischen Verhaltensweisen der Erzieher mit den sich entwickelnden Kindern aus: ihre Orientierungsfunktion. In dieser Perspektive differenziert sie diese empathische Verhaltensweise der Freundlichkeit, eine Differenzierung, die gerade für das Säuglingsalter von besonderer Bedeutung ist: »Mit Freundlichkeit sind hier nicht Liebkosungen gemeint. Würden wir nicht einen Menschen, der uns beim ersten Zusammentreffen umarmt, roh, gemein und überzogen nennen? Freundlichkeit besteht im Verständnis für die Wünsche anderer, in der Anpassung an dieselben und – wo nötig – in der Aufopferung (dem Verzicht) des eigenen Wunsches. Diese Freundlichkeit müssen wir den Kindern gegenüber zeigen.«

2.5.5 Notwendigkeit wissenschaftlicher Erforschung empathischer Bedürfnisse des Kindes

Angesichts der Tatsache, dass das Phänomen der Freundlichkeit Verständnis für die Bedürfnisse und Wünsche anderer erfordert, fordert Montessori eine wissenschaftliche Erforschung kindlicher Bedürfnisse im Bereich der heute so genannten »empathischen Reaktion«, der emotionalen und sozialen Resonanz. »Um zum Verständnis der Wünsche des Kindes zu gelangen, müssen wir es wissenschaftlich erforschen, denn seine Wünsche sind oft unbewusst.« So erhält die zu Beginn zitierte »weise Zurückhaltung« die Bedeutung einer »wissend verstandenen« und beachteten Zurückhaltung als einer grundlegenden erzieherischen Grundeinstellung und Verhaltensweise.

3. Die Altersmischung der Kinder von 0–6 Jahren

»Leben heißt sozial leben« – so formuliert Montessori und fordert doch, dem Kind von Geburt an zu helfen, selbst und selbstständig eine freie Persönlichkeit zu bilden. Sie spricht dabei von einem Hauptproblem. Es geht darum, dem Kind zu helfen, seine freie Individualität in all seinen eigenen Funktionen zu entwickeln. Gleichzeitig ist es aber auch erforderlich, jene Entwicklung der kindlichen Persönlichkeit zu fördern, die die gesellschaftliche Seite seines Lebens betrifft – sein soziales Leben. Einfach ausgedrückt bedeutet dies, dass das Kind selbst lernen muss, sich als selbstständiges Individuum in seinen sozialen Beziehungen zu bewegen, in denen es Spielregeln des Verhaltens gibt.

Damit tritt die soziale Seite der kindlichen Bildung und Erziehung in den Mittelpunkt. Mit der sozialen Bildung verbindet sich unter dem Aspekt der sozialen Spielregeln des Verhaltens auch die moralische oder sittliche Bildung und Erziehung. Die Einheit eines freien Individuums mit und in sozialen Bindungen und Beziehungen vollzieht das Kind im Sinne Montessoris durch »Arbeit und soziale Erfahrung«.

3.1 Soziales Leben in der altersgemischten Gruppe

Im Zusammenhang mit der sozialen Erziehung stellt sich für Montessori die Frage nach der Altersmischung. In der Regel werden die Kinder gleichaltrig in Klassen zusammengefasst. Das Kriterium der Gleichaltrigkeit in Bildung und Erziehung widerspricht aber dem normalen Altersgefälle im sozialen Leben. »Das Interessante an der Gesellschaft sind die verschiedenen Typen, aus denen sie sich zusammensetzt. Ein Altersheim für alte Männer oder alte Frauen ist etwas Totes. Es ist unmenschlich und grausam, Menschen gleichen Alters zusammenzutun. Dasselbe trifft für die Kinder zu, denn dadurch zerreißen wir das Band des sozialen Lebens und nehmen ihm die Nahrung. Es ist eine künstliche Isolierung, die die Entwicklung des sozialen Gefühles verhindert.«

3.1.1 Voneinander Lernen

Gegen die künstliche Isolierung setzt Montessori die Notwendigkeit einer vertikalen Gliederung in der gleichen Klasse. Unsere Kinder, so sagt sie und begründet dies, befinden sich im Allgemeinen in gemischten Klassen. »Unsere Schulen haben bewiesen, dass sich die Kinder verschiedenen Alters untereinander helfen; die Kleinen sehen, was die Größeren tun, und bitten um Erklärungen, die diese ihnen gern geben. Es ist ein regelrechter Unterricht, da die Geistesform des fünfjährigen Kindes dem des dreijährigen so nahe ist, dass das Kleine von ihm leicht aufnimmt, was wir ihm nicht erklären können.« Das Zitat gibt bereits Einblick in die Struktur von Erziehungs- und Bildungseinrichtungen, die sich als eine Gestaltung des »sozialen Lebens« erweisen, in dem sich Kinder gegenseitig helfen, anerkennen und fördern. Auf dem Wege einer indirekten Methode, wie Montessori sie nennt, entwickelt sich das soziale Gefühl gleichzeitig mit der Motivation zum Lernen. »Der Mensch wächst wie eine große Ganzheit.« Diese Aussagen weisen bereits hinüber in die pädagogisch-didaktische Begründung der Altersmischung.

3.1.2 Pädagogische Begründung der Altersmischung

Die Bildung der Personalität des Kindes wird nach Montessori durch das Zusammenspiel von »Arbeit und sozialer Erfahrung erreicht«. Den tätigen Komplex von Übung und Konzentration beschreibt sie wie mehrfach erwähnt als »gesammelte Arbeit« im Sinne der Wahrnehmung seiner Entwicklungsaufgabe, und zwar durch das Kind selbst und von Geburt an. Gleichzeitig muss das Kind von Geburt an für das »gesellschaftliche Leben in der Umgebung« vorbereitet werden. Dabei spielen Anpassung und Verhaltensweisen eine große Rolle.

Pädagogische Begründung: Während der ersten 2 Jahre muss das Kind die Anpassung an seine Gruppe konstruieren. Die Erziehung muss deshalb die »verborgenen Antriebe aufwerten, die den Menschen bei der Konstruktion seiner selbst leiten. Unter diesen ist der soziale Antrieb besonders stark«. Schon das ganz junge Kind muss zur Empfindung gelangen, »dass leben sozial leben« bedeutet und es muss daher von Anfang an die Möglichkeit haben, Erfahrungen im sozialen Leben zu machen. »Wirklich notwendig ist, dass der Mensch von seinen frühesten Jahren an mit der Menschheit in Verbindung gebracht wird.« Diesem Ziel kommt die gegebene Tatsache entgegen, dass das Kind in eine soziale Umgebung hinein geboren wird, »in der besondere Kräfte tätig sind: die Beziehung des Menschen zu seinesgleichen. Sie bilden das soziale Leben«.

Montessori bezeichnet es als eine der Hauptaufgaben der Erziehung, das Kind zu einem sozialen Wesen zu entwickeln, sein soziales Gefühl zu erwecken, und es die Wege zur Gemeinschaft zu führen. Wie erwähnt, bilden die Beziehungen des Kindes zu seinesgleichen das soziale Leben. Das »soziale Leben« ist jene wichtige Kategorie, mit der Montessori soziale Verhaltensweisen wie Interaktion, Kommunikation und Kooperation im sinne gegenseitigen Verstehens und Helfens in der Sprache ihrer Zeit erfasst.

Lernen im sozialen Leben: Die Basis in der kindlichen Entwicklung ist nach Montessori die Bildung der Personalität, die das Kind »durch Arbeit und soziale Erfahrung erreicht«. Nur durch den Komplex von kindlicher Arbeit und sozialer Erfahrung dringt das »soziale Milieu« in die Bildung des Kindes ein und die »Keime des menschlichen Verhaltens können sich entfalten«. Das menschliche Individuum kann sich ohne soziales Leben nicht entwickeln – so Montessori. Und »es ist evident, dass Sittlichkeit aus einer sozialen Beziehung mit anderen Menschen« entsteht. Lernen im sozialen Leben bedeutet also für Montessori ein Lernen im natürlichen sozialen Altersgefälle. Nur so kann das Kind im Alter von 0–6 Jahren in seiner Umgebung mit einer ganzen »Skala von sozialen Erfahrungen« in Berührung kommen.

Bildungswirkungen der Altersmischung: Als einer der besten Wege für die individuelle Entwicklung gilt Montessori der Altersunterschied: »Das Zusammenleben von drei Altersstufen – etwa die vier-, fünf- und sechsjährigen Kinder. Durch diese Mischung der Lebensalter entsteht ein natürliches soziales Altersgefälle, das eine wirkliche Skala sozialer Erfahrungen bietet. An anderer Stelle fasst Montessori die Altersgruppe 0–2, 3–5 und 6–7 Jahren zusammen. Schon vom frühen Alter an gilt, dass Verständnis und Brüderlichkeit bei Kindern von 0–3 Jahren früh entstehen können und sich später bei den Kindern von 3–6 Jahren fixieren, verfestigen.

Die Bildungswirkung der Altersmischung sieht Montessori durch die Indirektheit des Lernens gegeben. So schreibt sie über Beobachtungen von Kindern in der 2–3-jährigen-Gruppe: »Die Kinder lernen voneinander und stürzen sich mit Begeisterung und Entzücken in die Arbeit. Diese Atmosphäre ruhiger Geschäftigkeit entwickelt das Gemeinschaftsgefühl, eine gegenseitige Hilfsbereitschaft und als wundervollste Frucht bei den älteren Kindern eine verständnisvolle Teilnahme am Fortschritt der kleinen Kameraden.« Drei Verhaltensweisen treten als Bildungswirkungen ans Licht – Gemeinschaftsgefühl, gegenseitige Hilfsbereitschaft und verständnisvolle Teilnahme. An anderer Stelle sagt Montessori vom Kind dieses Alters: »Es hat Initiative, es sucht sich seine Arbeit aus, beharrt darin oder wechselt damit nach seinem inneren Bedürfnis, es scheut keine Anstrengung, sucht sie eher auf und bewältigt mit großer Freude Hindernisse, soweit es vermag. Es ist sozial in dem Maße, dass es seine Erfolge, seine Entdeckungen und seine kleinen Triumphe mit jedem teilen möchte.«

Die Wirkungen seines Lernens im sozialen Leben durch die Kombination von Arbeit und sozialer Erfahrung beschreibt Montessori im Hinblick auf 2–3-jährige Kinder so: »Kinder, die diese gesammelte Arbeit ausgeführt haben, scheinen immer ausgeruht und innerlich gefestigt. Es ist, als ob für die Kräfte, die in ihrer Seele ruhten, ein Weg frei geworden wäre, ihre besten Seiten kommen zum Vorschein. Sie erwiesen sich gegen jedermann freundlich, es drängt sie, anderen zu helfen, sie sind voll Sehnsucht, gut zu sein.«

3.1.3 Altersspezifische Besonderheiten im Alter von 0–6 Jahren

Es geht um die Frage, was ein Kind in welchem Alter kann und welche Bedeutung die »Mischung der Lebensalter« hat. Wichtig sind die verschiedenen Merkmalsorientierungen.

Eine allgemeine und differenzierte Übersicht der altersabhängigen Merkmale und jeweiligen besonderen Sensibilitäten findet sich im vorigen Kapitel, 2.4. Den folgenden Ausführungen wird die Zeit der Entwicklung des Kindes im Empfindungsalter und der Periode der Unterweisung (0–4 und 5–7 Jahre) zugrunde gelegt. Montessori unterteilt hinsichtlich des Empfindungsalters die Zeit von 0–2 und 2–4 Jahren.

Das Alter von 0–2 Jahren: Generell geht es um die beobachtbare Entfaltung der »Keime des menschlichen Verhaltens« wie Montessori formuliert. Das Kind ist darauf aus, zu beobachten, was es umgibt. Vorrang im ersten Jahr hat das Interesse am Menschen: Gesicht und Stimme, Gestalt und Handlungen, eingebettet in Empfindungen und Gefühl. »Das Kind muss vom ersten Tag seines Lebens an eine ungeheure Arbeit leisten. Es muss den geordneten Gebrauch seiner Glieder erlernen und Erfahrungen über alle Dinge seiner Umwelt sammeln.« Den Gebrauch seiner Glieder erlernen, dass heißt Bewegungen koordinieren, sich selbstständig fortbewegen, selbstständig essen und die Kontrolle über die Ausscheidungen erwerben, sich mitteilen und sprachlich ausdrücken lernen.

Für den Erwerb all dieser Merkmale spezifisch menschlichen Verhaltens braucht das Kind eine Orientierung: Es ist das beobachtbare Verhalten an den Menschen in seiner Umgebung, an jenen Erwachsenen, die das schon gut können und an jene jungen Menschen, die selbst noch damit be-schäftigt sind – die Kinder. Denn, so Montessori, »Das Kind tut, was es beobachtet«. Mischung der Lebensalter im Be-reich der Orientierung für die Verhaltensentwicklung durch Nachahmungsversuche scheint in dieser Altersspanne unab-dingbar.

Merkmale wie Blick- und Berührungskontakte, zuwen-dende Bewegungen zu anderen Kindern, die Entwicklung von Abgeben und Teilen, von Helfen und Sich-helfen-lassen, von Trösten und Getröstetwerden stehen in diesem Alter für Lernvorgänge im sozialen Leben. Das Kind benötigt für den Erwerb dieser Fähigkeiten soziale Modelle, eine Skala sozia-ler Erfahrungen an mehr oder weniger gekonnten Verhal-tensweisen. Wichtig für diese Altersspanne ist die Forderung, dass alle frühen Sozialkontakte emotional unterfangen und eingebettet sind durch positive Zuwendung, Einfühlung, Mit-gefühl und Respekt, die sich ihrerseits im Kind ausprägen. Montessori bezeichnet den sich entwickelnden frühen Bezug der Kinder untereinander als eine Anfangsform der Gesell-schaftsbildung durch Kohäsion. Darunter ist ein gefühlshaf-ter Zusammenhang und Zusammenhalt zu verstehen, den sie die Basis für die Gesellschaft der Kleinkinder nennt.

Das Alter von 2–4 Jahren: Montessori bezeichnet dieses Alter als die Zeit der differenzierten Aufnahme der Außenwelt. Sie ist erkennbar an der Gleichzeitigkeit von sinnenhaften und geistigen Neigungen und Interessen mit ihrer Tendenz, sich über das Materielle hinaus zu »erheben«, zu transzendieren. War für die ersten beiden Lebensjahre die besondere Emp-fänglichkeit für Bewegung und ihre Geordnetheit dominant, so tritt in der Zeit von 2–4 Jahren ein besonderes Interesse an den »sinnlichen Funktionen« auf. Mit Hilfe der Sinnesfunk-

tionen, durch die es Eindrücke aus der Umgebung aufnimmt, legt das Kind »durch beständige Ausübung von Beobachtung, Vergleich und Urteil die Grundlage zu seiner Intelligenz«.

Auf die Einheit von kindlichem Lernen und sozialem Kon-
text verweist Montessori in ihren Werken immer wieder. Im
Bereich der Bewegungsentwicklung in den ersten beiden Jahren heißt es dazu: »In der Körperpflege ist der erste Schritt
das An- und Ausziehen. Dazu findet sich unter meinen Lehr-
mitteln eine Anzahl von Rahmen mit Knöpfen, Haken, Bän-
dern. Das Kind, das viele Male mit großem Interesse zu- und
aufknöpfte, erwirbt eine ungewöhnliche Handfertigkeit und
möchte gerne wirkliche Kleider zuknöpfen, so oft sich die Gelegenheit bietet. So sehen wir, dass die kleinsten Kinder verlangen, sich und ihre Kameraden anzuziehen.«

Ähnliches beschreibt Montessori im Bereich der Sinnesbil-
dung, in dem didaktische Materialien das Interesse und die
Aufmerksamkeit eines Kindes von 2½ Jahren auf sich ziehen:
»Die Einsatzzylinderblöcke. Bei diesen Übungen mag die
Lehrerin beim ersten Mal eingreifen, jedoch erweist sich
solch ein Eingriff fast immer als unnötig, denn die Kinder sehen ihren Gefährten an der Arbeit und fühlen sich so getrie-
ben, ihnen nachzuahmen.« Gleiches gilt von Erstbegegnun-
gen der Kinder mit weiteren Sinnesmaterialien. »Oft wird es
geschehen, dass das Kind nicht unmittelbar von ihr (der
Erzieherin) lernt, sondern es von den Kameraden absieht.«
Dies sind deutliche Hinweise auf die Tatsache, dass Kinder
auch in den frühen Jahren sehr vieles voneinander lernen.

Die Einbettung des frühkindlichen Lernens im Bereich der
Bewegungs- und Sinneserziehung in sein soziales Leben führt
zur Entwicklung von sozialen Verhaltensweisen, wie soziale
Sensibilität im Sinne von Empathie und entsprechende Hilfs-

bereitschaft. »Der Überschuss der kindlichen Kräfte kommt auch darin zum Vorschein, dass das Kind seine neu erworbenen Fähigkeiten benützt, um auch anderen zu helfen, die diese noch nicht erworben haben. Es knöpft dem kleineren Kind die Schürze zu, bindet seine kleinen Schuhe und eilig wischt es den Fußboden auf, wenn ein anderes Kind die Suppe verschüttete. Wäscht es Teller, so reinigt es das, was andere beschmutzten, deckt es den Tisch, so bereitet es das Wohlbehagen so vieler anderer vor, die sich nicht mit ihm die Arbeit geteilt haben. Und doch empfindet es diese Arbeit im Dienste anderer nicht als eine Mehranstrengung. Schon diese Anstrengung allein ist die Belohnung.« Derartige didaktische Situationen können nur entstehen, wenn ein entsprechendes Entwicklungs- und Bildungs- und das heißt Altersgefälle gegeben ist, nämlich die Mischung der Lebensalter.

Im Hinblick auf das Phänomen der Gleichzeitigkeit von sinnenhaften und geistigen Neigungen, die im Alter von 2–4 Jahren das Interesse bestimmen, ist auf einen weiteren, durch Altersmischung begünstigten Aspekt zu verweisen: Die Bedeutung der Grenzüberschreitungen. Gemeint ist das Überschreiten von Wissens- und Könnensgrenzen, die durch das jeweilige Alter bestimmt sind. Die Altersmischung bietet jüngeren Kindern die Möglichkeit, Entwicklungsgrenzen zurückzudrängen und sich auf neue Herausforderungen einzulassen, d. h. das Kind aufzufordern, »ins Unbegrenzte erobernd vorzudringen«.

Für die beiden Unterphasen von 0–4 Jahren ist zu beachten, dass sie dominant verankert sind im Bereich der Empfindungen und Gefühle. Montessori nennt sie Empfindungsperiode. »In diesem Alter besitzt das Kind das Bedürfnis, sich beschützt zu fühlen und das Gefühl, sicher zu sein, dass es beschützt ist.« Kleine Kinder, so sagt sie, »haben

eine Sensibilität, die aus dem Herzen kommt. Sie sind eingetaucht in eine geistige Atmosphäre«.

Das Alter von 5–7 Jahren: Generell spricht Montessori für
diese Altersphase von einer besonderen Sensibilität für die
Konstruktion der Einbildungskraft. Nachdem das Kind in den
ersten beiden Phasen auf sinnenhaften Wegen die Grundlagen seiner intelligenten Fähigkeiten herausgebildet hat,
geht es nun darum, sich in der Welt der Bilder und Vorstellungen – der Imagination – zurechtzufinden. Das Kind ist
darauf aus, mit seiner Einbildungskraft zu arbeiten, d. h. über
die Dinge hinaus zu sehen. »Einbildungskraft ist die Fähigkeit, zu sehen, was nicht da ist. – Der Mensch kann sich nicht
nur an die Aufnahme von Bildern erinnern. Er hat auch die
Fähigkeit, aufzubauen und wiederaufzubauen. Im Alter von
3–6 Jahren, besonders um 5 Jahre herum gibt es die besondere Periode der Konstruktion der Einbildungskraft.«

Die Zeit von 5–7 Jahren nennt Montessori die Unterweisungsperiode. »Das Kind kann weit mehr aufnehmen, als
ihm gewöhnlich gegeben wird.« Von der Art dieser Unterweisungen heißt es, dass das Wissen mit der Einbildungskraft aufgenommen werden muss »und nicht durch memorieren. So
kann Geschichte eine Übung sein für die aufbauende Einbildungskraft«. Geschichte kann man aber nicht durch die Sinne
mitteilen, sondern nur durch die Phantasie. Geschichte sollte
zwar kein Märchen sein, aber wie ein Märchen geboten werden. »Die Geschichten müssen kurz sein, mit wenigen gut
dargestellten Charakteren, die Umgebung muss begrenzt
sein, außergewöhnlich und sehr klar. Sie müssen alle um etwas Phantasievolles herum gestaltet sein. Geschichte kann
eine Umgebung aufzeigen, die sehr von der unseren verschieden ist. Das Kind rekonstruiert nicht nur die Geschichte, es

entwickelt auch seine Intelligenz. Kinder können jede Geschichte rekonstruieren. Aber sie lieben auch etwas, das mit Bewegung und einer realen Umgebung verbunden ist. Sie lieben etwas, womit sie hantieren können, so dass sie den Gedanken in ihrem Geist festigen können.«

Die zweite Besonderheit dieses Alters ist das Interesse am Erwerb des Schreibens und Lesens. Die eigentliche sensible Periode für den Erwerb des Schreibens tritt um das 4. Lebensjahr auf. In diesem Alter – so Montessori – »sind die motorischen Mechanismen in ihrer sensitiven Periode. Es ist der Zeitpunkt, zu dem sich die Bewegungen koordinieren und die funktionelle Hand geschaffen wird«. Die geschriebene Sprache kann nach Beobachtungen Montessoris von vierjährigen Kindern viel leichter erlernt werden als von sechsjährigen, für die gewöhnlich die obligatorische Erziehung beginnt.

»Während die Kinder im Alter von sechs Jahren mit großer Mühe und hoher Anstrengung wider ihre Natur mindestens zwei Jahre auf das Erlernen des Schreibens verwenden müssen, lernen die vierjährigen Kinder die zweite Sprachform innerhalb weniger Monate. Die kindliche Hand ist in diesem Alter noch unkoordiniert, weich in ihren Funktionen. Es ist das suchende Händchen des ganz kleinen vierjährigen Kindes, das alles um sich herum berührt in dem unverständlichen und unbewussten Bemühen, seine endgültigen Koordinationen zu fixieren.« Der Erwerb des Schreibens fällt nach Montessori in die zweite Phase der Sprachentwicklung – von der gesprochenen Sprache hin zur geschriebenen Sprache. »Die Entwicklung der Sprache dauert in der Tat bis zum fünften Lebensjahr, und der Geist befindet sich nun in einer Phase der Aktivität für alles, was mit dem Wort im Zusammenhang steht.«

3.1.4 Altersmischung als »indirekte Methode«

Montessori beschreibt den Zusammenhang zwischen der indirekten Methode und der Altersmischung folgendermaßen: »Von den kleineren Kindern haben wir die Wirksamkeit einer indirekten Methode gelernt, z. B. wenn wir ältere Kinder in ihrer Gegenwart ansprechen; denn in unseren Schulen sind in gewissen Grenzen Kinder verschiedenen Lebensalters gemischt. Wenn wir versuchen, den älteren Kindern irgendetwas zu zeigen, drängen sich die jüngeren voller Interesse ringsherum.« Durch die Altersmischung erhalten Kinder das soziale Angebot, indirekt zu lernen. Kinder lernen von Kindern und über Kinder. So verweist Montessori darauf, dass z. B. Erzieher einem dreijährigen Kinde eine Reihe von Dingen nicht klarmachen können, die ein fünfjähriges hingegen sehr gut erklären kann. »Unter ihnen besteht eine natürliche Osmose. Dazu kommt, dass sich das dreijährige Kind dafür interessiert, was das fünfjährige tut, denn es liegt nicht weit außerhalb des Bereiches seiner Möglichkeiten. Alle die Größeren werden zu Helden und Meistern und die Kleinen bewundern sie. Sie lassen sich von ihnen inspirieren und arbeiten dann allein.«

In diesem Zusammenhang zeigt sich sehr deutlich die Bedeutung des sozialen Aspektes für das kindliche Lernen in seiner motivierenden Funktion für die Einzelarbeit. Montessori folgert daraus, dass die größte Vervollkommnung der Kinder durch die sozialen Erfahrungen erreicht wird. Dies aber setzt eine ganze »Skala sozialer Erfahrungen« voraus. »Je zahlreicher die Kinder einer Klasse sind, umso besser zeigen sich die Charakterunterschiede, und es ist einfacher, die verschiedenen Erfahrungen zu machen. Diese werden fehlen, wenn nur wenige Kinder da sind. Unsere Kinder befinden sich im Allgemeinen in gemischten Klassen – eine vertikale Gliederung in der gleichen Klasse.« Wie erwähnt, vollzieht sich die Bildung der Personalität durch Arbeit und soziale Erfahrung, und zwar von Geburt an.

Lernen als Übung und Aufmerksamkeit im sozialen Leben – Die Arbeit des Kindes und die Umgebung: Montessori beschreibt den von Geburt an gegebenen tätigen Komplex von Übung und Konzentration als Arbeit des Kindes im Sinne der Wahrnehmung seiner entwicklungspädagogischen Aufgabe: »Das Kind spielt nicht: es arbeitet.« Sie nennt die früh erkennbaren konzentrierten Übungen des Kindes – etwa im Bereich der frühen Bewegungen – eine »gesammelte Arbeit«. Um sich zu sammeln, »bedarf die Aufmerksamkeit bestimmter abgestufter Anreize«, einer Anregungsumwelt. Montessori beschreibt Beobachtungen an Kindern, die diese gesammelte Arbeit ausgeführt haben. »Sie scheinen ausgeruht und innerlich gefestigt. Sie erweisen sich gegen jedermann freundlich, es drängt sie, anderen zu helfen, sie sind voll Sehnsucht, gut zu sein.« Innerhalb der Umgebung des Kindes – etwa im Bereich der Übungen des täglichen Lebens – stellt das Altersgefälle einen wichtigen sozialen Anreiz dar. Montessori weist wie erwähnt darauf hin, dass Kinder, die sich selbst anziehen können, die tadellos Tisch decken und Teller und Gläser waschen können, einen Überschuss an Kräften besitzen, die sie sozial anwenden. »Das Kind benützt seine neu erworbenen Fähigkeiten, um auch anderen zu helfen, die diese noch nicht erworben haben. Es knöpft einem kleineren Kind die Schütze zu. Es bindet seine kleinen Schuhe und es wischt den Fußboden, wenn es die Suppe verschüttet.«

Sie verweist aber auch auf die sozial relevanten Bildungswirkungen, die sich aus den Materialeigenschaften in der vorbereiteten Umgebung ergeben, etwa das Merkmal der Begrenzung. Da in jeder Gruppe nur jeweils ein Satz der verschiedenen Materialien vorhanden ist, werden soziale Verhaltensweisen der Kinder dadurch herausgefordert.»Wenn ein Kind etwas haben möchte, womit sich ein anderes beschäftigt, wird es das nicht haben können; und wenn es sich um ein normalisiertes Kind handelt, wird es warten, bis das andere mit seiner Arbeit fertig ist. So entwickeln sich bestimmte soziale Eigenschaften, die von großer Bedeutung sind: Das Kind weiß, dass es Gegenstände, die von anderen verwendet werden, respektieren muss – nicht weil man ihm das gesagt hat, sondern weil es diese Realität aus seinen gesellschaftlichen Erfahrungen kennt. Es sind viele Kinder und nur ein Gegenstand. Da bleibt nichts anderes übrig, als zu warten. Und wenn dies über Jahre hinaus zu jeder Tagesstunde geschieht, prägt sich der Begriff des Respektierens und des Wartens in das Leben eines jeden Individuums ein.«

Die jeweils individuelle gesammelte Arbeit des einzelnen Kindes vollzieht sich innerhalb eines sozialen Lebens, »das im Lösen von Problemen, gutem Verhalten und Entwerfen von Plänen besteht, die für alle annehmbar sind«. Um all diese Erfahrungen zu machen, so Montessori, muss der Aufbau der Kindergesellschaft vertikal erfolgen. Dies entspricht auch dem in der Familie unter den Kindern gegebenen Altersgefälle von natürlicher Art. Die Kinder verschiedenen Alters helfen sich untereinander. Die Kleinen sehen, was die Größeren tun, und bitten sie um Erklärungen, die diese ihnen gerne geben. Die Kinder lösen ihre Probleme selber, aber nicht in der Weise, wie Erwachsene es tun.

»Da schleppen Kinder schwere Gegenstände, und keines der anderen rührt sich, ihnen zu helfen. Sie respektieren sich gegenseitig und greifen nur ein, wenn Hilfe nötig ist.

Dieser Vorgang macht uns klar, dass sie das existentielle Bedürfnis des Kindes intuitiv erfassen und respektieren: nicht unnötig Hilfe zu erhalten.« Montessori entkräftet auch den Einwand, dass ein Kind, das anderen hilft, selbst nicht lernen könnte, folgendermaßen: »Erstens lehrt das Kind ja nicht immer, seine Freiheit wird respektiert, und zweitens vervollkommnet das Kind das, was es weiß, indem es lehrt, denn es muss seinen kleinen Wissensschatz analysieren und umarbeiten, will es ihn an andere weitergeben. Dadurch sieht es die Dinge klarer und wird für den Austausch entschädigt.«

Herausforderung durch Grenzüberschreitungen: Montessori beschreibt die Bedeutung der Herausforderung durch die Wirksamkeit einer indirekten Methode der Mischung der verschiedenen Lebensalter, wenn z. B. ältere Kinder in Gegenwart von jüngeren angesprochen werden. So zeigte etwa ein kleines Sechsjähriges dieses Interesse in besonderer Weise angesichts einer Karte, die das Größenverhältnis von Sonne und Erde durch Globus und Punkt veranschaulichte. »Die jüngeren Kinder wurden durch die Vorstellung, die das in ihnen hervorrief, gepackt und konnten sich nicht losreißen, während die älteren Kinder, für die die Unterweisung gedacht war, die Sache eher alltäglich fanden und etwas anderes brauchten, wenn in ihnen ähnliches Interesse geweckt werden sollte. Es besteht ein Unterschied zwischen solcher Begeisterung und bloßem Verstehen.«

An diesem Beispiel wird die Hinausverlagerung der gegenwärtigen Grenzen des Wissens deutlich. »Alles baut sich auf der Möglichkeit auf, die natürlichen Grenzen zu überschreiten.« – so Montessori. Sie verweist diesbezüglich auf die erste Periode der kindlichen Bildung. Diese enthielt Tätigkeiten – »Übungen des täglichen Lebens« – und bedeuteten eine »Bemühung, die Grenzen zu erweitern, die die mögliche Aktivität dieses Alters bestimmten. Und so hat das Kind, das diese Grenzen von sich aus zurückgedrängt hat, seine Unabhängigkeit gewonnen. Gerade das gibt diesen Gedulds-, Genauigkeits- und Wiederholungsübungen ihre ganze Bedeutung«. So werden erworbene Fähigkeiten auf eine andere Ebene gebracht, wenn frühkindliche Höflichkeitsformen sich zur Frage der Hilfe für Schwache, Alte und Kranke erheben. »Es handelt sich dann nicht mehr darum, sich in seinen Bewegungen zu üben: Der Zeitpunkt zur Einführung des Kindes in die moralischen Beziehungen ist gekommen, die das Gewissen wachrufen.«

Für diese »Erhebung der menschlichen Intelligenz«, die sich von der einen Ebene zur anderen hin vollzieht, bedarf das Kind der Herausforderung, die durch ein Bildungs- und Altersgefälle sozialer Anregungen entsteht. Die Hinausverlagerung der Grenzen, zu der das Kind auch von sich aus tendiert, fordert als ersten Schritt der Erziehung, die Welt zu erweitern, in der das Kind jeweils lebt. Konkret heißt dies, »die Motive des Interesses vervielfältigen, die tiefere in der Seele verborgene Tendenzen befriedigen. Das Kind auffordern, ins Unbegrenzte erobernd vorzudringen, anstatt sein Verlangen zu unterdrücken, das zu besitzen, was seine Nächsten besitzen«. Es geht um eine Erziehung, die vergrößert und hinausführt über die unmittelbaren auf einen geschlossenen Raum beschränkten Interessen. »Gerade die Knappheit dessen, was man erwerben möchte, erweckt Neid und Kampf. Ein weiter Raum erweckt andere Gefühle, – Gefühle, welche echte Leidenschaft wecken für das, was die Menschen zum Fortschritt leitet.«

Der Bildungserwerb durch das Kind selbst, so Montessori, tendiert zu einer immer weiteren Ausdehnung. Sie spricht diesbezüglich von offenen Ebenen für neue Möglichkeiten.

Sozial betrachtet bedeutet das Überschreiten von Grenzen im Sinne der Erweiterung ein erforderliches Angebot einer Skala von sozialen Erfahrungen durch ein Bildungsgefälle, das durch die Altersmischung ermöglicht wird. Kinder lernen voneinander, eine Tatsache, die für die Alterspanne von 0–6 Jahren, insbesondere von 3–6 Jahren von erhöhter Bedeutung ist. In dieser Zeit konstruiert das Kind seine Einbildungskraft in erhöhtem Maße, die ihre besondere Sensibilität um das 5. Lebensjahr hat und ihre eigenen Herausforderungen benötigt. Das Überschreiten der Grenzen und das Hinaussehen über Grenzen der Realität stellen eine konkrete Übung der Einbildungskraft dar. »Die Vision durch die Vorstellungskraft ist etwas ganz anderes als die bloße Wahrnehmung eines Gegenstandes, da sie keine Grenzen hat. Die Phantasie kann nicht nur durch unendlichen Raum reisen, sondern auch durch unendliche Zeit. Um festzustellen, ob ein Kind verstanden hat oder nicht, müssen wir sehen, ob es sich in seinem Geist eine Vorstellung bilden kann, ob es über die Stufe bloßen Verstehens hinausgeschritten ist.«

3.2 Altersmischung als pädagogisches Organisationsprinzip – vertikale Gliederung

Altersmischung ist ein psychologisch-pädagogisches Strukturierungsprinzip der Montessori-Pädagogik bzw. der Montessori-Einrichtungen, das in Deutschland bisher für den Bereich des Alters von 0–6 Jahren noch nicht entsprechend beachtet und berücksichtigt worden ist.

3.2.1 Psychologisches Organisationsprinzip

Generell nennt Montessori die »Mischung der Lebensalter« ein psychologisches Organisationsprinzip. Durch die Mischung der Lebensalter werden drei Altersjahrgänge zusammenfasst, so dass ein natürliches soziales Altersgefälle unter den Kindern entsteht. Durch das Angebot einer solchen »Skala sozialer Erfahrungen« können Kinder mit unterschiedlichen sozialen Verhaltensweisen in Berührung kommen.

Die Mischung der Lebensalter ist ein Organisationsprinzip zu Gestaltung des pädagogischen Rahmenkonzeptes. Es geht darum Erfahrungen im sozialen Leben zu ermöglichen durch eine vertikale Gliederung, in der die Lebensalter gemischt sind. Durch ein solches Sozialgefälle – einer Skala für soziale Erfahrungen – wird eine soziale Anregungsumwelt für das Kind geschaffen. Montessori bezeichnet dieses Angebot als Teil einer indirekten Methode, durch die sich das soziale Gefühl gleichzeitig mit der Motivation zum Lernen entwickelt. Altersmischung ist dem Kind gegenüber nur dann vertretbar, wenn sie nach pädagogisch-didaktischen Prinzipien organisiert, gestaltet und durchgeführt wird.

3.2.2 Pädagogisch-didaktisches Gestaltungsprinzip

Als pädagogisch-didaktisches Prinzip gilt Montessoris Forderung, dem Kind die notwendigen Mittel zur Verfügung zu stellen, damit es handeln und Erfahrungen sammeln kann. Dem Prinzip der sozialen Anregungsumwelt fügt sie weitere hinzu. »In dieser Umgebung muss das Kind frei handeln können, d. h. es muss geeignete Aktivitätsmomente finden und es muss Kontakt mit einem Erwachsenen haben, der die sein Leben leitenden Gesetze kennt und der es nicht behindert.« In einer derart gestalteten und angebotenen Umgebung wird das Kind »ein äußerst arbeitsames Wesen, ein ausgesprochener Beobachter, kein Zerstörer, unglaublich exakt (sicher viel exakter als wir), gewissenhaft in der Durchführung seiner Handlung, fähig zu konzentrierter Aktivität, fähig, seine Bewegungen zu kontrollieren, es liebt auf besondere Weise die Ruhe, es ist sehr genau im Gehorsam.«

Mit den pädagogisch-didaktischen Prinzipien der Altersmischung beschreibt Montessori den Inhalt kindlichen Lernens – die Einheit von Arbeit und soziale Erfahrung, durch die das Kind die Entwicklung und Bildung seiner Personalität erreicht. Der Prozess der kindlichen Bildung vollzieht sich also durch das Zusammenspiel von individueller Arbeit und sozialer Erfahrung. Die Kooperation der Kinder, wie Montessori formuliert, ist ein grundsätzliches pädagogisches Prinzip, das Verhaltensweisen wie Gemeinschaftsgefühl, gegenseitige Hilfsbereitschaft und verständnisvolle Teilnahme in den Kindern bewirken kann.

Didaktisch von Bedeutung sind die durch die kindlichen Kooperationen bedingten Herausforderungen durch und zu Grenzüberschreitungen. Gemeint ist die schon beschriebene Herausforderung, die gegenwärtigen Grenzen des Könnens, Wissens und Verhaltens zu überschreiten, ihre Grenzen weiter hinauszuverlagern. So werden Fähigkeiten wie etwa der Höflichkeit auf eine andere Ebene gebracht, in der sie sich als sittlich-moralische Qualitäten der Hilfsbereitschaft äußern.

3.2.3 Pädagogisch-architektonisches Gestaltungsprinzip

Altersmischung als psychologisches und pädagogisch-didaktisches Prinzip setzt »offene Türen« und »freie Zirkulation« voraus, die ihrerseits an bauliche und räumliche Vorgaben gebunden sind. Montessori beschreibt an verschiedenen Einrichtungen, wie die geforderte »Freiheit des Verkehrs unter den Gruppen« gestaltet werden kann, die eine »Freiheit des Lernens unter den verschiedenen Niveaus und Graden der Bildung« ermöglichen.

In Holland – so Montessori 1942 – bestehen die Wände und Türen aus Glas, und die Kinder einer Klasse können in das Leben der anderen Klassen einsehen. Einer der großen Vorteile moderner Architektur, welcher viel Anwendung in unseren Schulen fand, war die Trennung der Klassen durch niedrige Wände. Manchmal gab es anstelle der Türen Vorhänge. In Rom hatten wir eine Schule in der Form eines Halbkreises. Der Boden dieses ›Amphitheaters‹ war durch die niedrigen Wände in verschiedene Einzelräume geteilt und es gab überhaupt keine Türen.

3.2.4 Pädagogische Praxis in verschiedenen Ländern

Montessoris Prinzip der Altersmischung ist national und international unterschiedlich konsequent verwirklicht worden in der pädagogischen Praxis.

Situation in Deutschland: Das Prinzip der Altersmischung in Montessori-Einrichtungen hat sich hier nur zögerlich durchgesetzt. Dies ist zum einen begründet durch die gegebene Kompromisssituation von Einrichtungen im staatlichen bzw. verwaltungstechnischen Zusammenhang. Im Hinblick auf das Übergangsalter zur Schule dürfte die in Deutschland geltende 4-jährige Grundschulzeit entsprechenden Gruppierungen im Wege stehen. Die Ausdehnung der Montessori-Pädagogik auf die Altersphase von 0–3 Jahren ist in Entwicklung begriffen. Nachweisbar sind in den vergangenen Jahrzehnten

Montessori-Krabbel-, Spiel- und Kinderstuben seit etwa 1980. Die Einrichtungen »auf Zeit«, wie Stern sie nennt, sind nicht überschaubar. Es handelt sich um kurzfristige und ad hoc geschaffene Eltern-Kind-Gruppen, die von mehr oder weniger qualifizierten Leitern geführt werden. Dazu fehlte bis vor einiger Zeit in Deutschland allerdings auch die Erarbeitung des vorhandenen Früherziehungskonzeptes Maria Montessoris. Qualifiziertere Montessori-Pädagogik ist in Kindertagesstätten beobachtbar, die auch über ein größeres Maß an Erfahrung verfügen, da sie ihrerseits gute Voraussetzungen für die Altersmischung haben. Ihnen steht in der Regel nicht die Trennung der Altersgruppen 0–3 und 3–6 Jahre im Wege. Demographisch bedingt, geraten auch wie in staatlichen Regeleinrichtungen die Montessori-Kinderhäuser in die Situation, die freien Plätze unter den 3–6-jährigen Kindern mit 2-jährigen aufzufüllen. Damit stehen sie akut vor dem Problem der Altersmischung in neuen Altersrelationen.

Wie schon beschrieben, nimmt Montessori anhand der Merkmale in den Stufen der Intelligenzentwicklung eine zweifache Gruppierung in den frühen Jahren von 0–4 und 5–7 Jahren vor. Die Zeit von 0–4 Jahren nennt sie die Empfindungsperiode und das Alter von 5–7 Jahren die Unterweisungsperiode. Auf diese Weise entsteht eine dreifache Gruppierung: von 0–2, 2–4 und 5–7 Jahren. Die in Deutschland seit 2004 laufende Reform des gesamten Elementarbereichs, für das Alter von 0–6 Jahren, kommt der von Montessori beschriebenen Altersmischung für diese frühe Zeit entgegen. Sie bietet den Montessori-Einrichtungen gute Chancen für die Realisierung.

Internationale Praxis – Niederlande und Italien: Was sich an Reformbestrebungen in Deutschland erst andeutet, haben die Niederländer bereits seit 1981 in Angriff genommen und seit 1986 offiziell praktiziert. Dort ist das Schulwesen 1982 neu strukturiert worden. Die Kinder im Alter von vier bis zwölf Jahren wurden zu einer Basisschool zusammengefasst. In ihr sind im Regelschulsystem der Niederlande zwei Gruppierungen vorgesehen, und zwar von vier bis acht und neun bis zwölf Jahren. Die Montessori-Schulen haben die Möglichkeit, drei Gruppierungen vorzunehmen. Die Gruppe der Vier- bis Sechsjährigen bilden den Onderbouw, die Sieben- bis Neunjährigen den Middelbouw und die Zehn- bis Zwölfjährigen den Bowenbouw. In dieser Form der vertikalen Gliederung ist in Montessori-Schulen der Niederlande die Altersmischung als Prinzip der Schul- und Unterrichtsstruktur gegeben, so dass die Kooperation der Kinder als weiteres Prinzip möglich wird. In der Praxis der niederländischen Montessori-Institutionen haben die Lehrenden die Freiheit der Gestaltung altersgemischter Gruppen. Die Zahlenrelation von Lernenden und Lehrenden beläuft sich z. Zt. auf 30 Schüler pro Lehrenden. Dies hängt mit der finanziellen Belastungsmöglichkeit der Eltern zusammen, die Beiträge zahlen. Die niederländischen Pädagogen halten hier allerdings eine Änderung für dringend erforderlich.

In Italien orientiert sich die Praxis der Montessori-Pädagogik (wie auch in den Niederlanden) an der international üblichen sechsjährigen Elementarschulzeit, die andere Gruppierungen zulässt als die vierjährige deutsche Grundschulzeit. In Italien gibt es auch Montessori-Einrichtungen, die bereits zweijährige Kinder aufnehmen. Mich beeindruckte bei einer Hospitation im September 1989 in der »Scuola Elementare Parificata, Nido e Casa dei Bambini Maria Montessori« in Rom der Umgang mit den zweijährigen Kindern. Ihnen ist eine speziell für sie vorbereitete Umgebung im Nido, dem Nest, vorbehalten. Nido, Casa und Scuola Elementare sind – durchlässig für alle – in einem Haus untergebracht, so dass 2- bis 12-jährige einander begegnen können. Allerdings sind die Zweijährigen stärker abgeschirmt, auf ihre emotionale Sensibilität wird besondere Rücksicht genommen, so dass Hospitationen nur kurz, einzeln und unter besonderer Berücksichtigung der Mentalität dieser Kinder möglich waren. In dieser Institution, die von 107 Kindern besucht und in freier Trägerschaft geführt wird, steht für die Zweijährigen (20 Kinder) je eine Erzieherin fünf Kindern gegenüber, später acht, dann zwölf bis fünfzehn Schülern. ›Nido‹ und ›Casa dei Bambini‹ sind in einem Haus auf verschiedenen Ebenen untergebracht.

Mit Blick auf das frühe Alter (0–3 Jahre) hat die italienische Montessori-Pädagogik also wie erwähnt noch eine Besonderheit: das Nido (=Nest) für die Kleinsten und Kleinen. Ein Exkursionsbericht aus dem Jahr 1998 beschreibt Beobachtungen in italienischen Nidos. Vom »Nido Montessori di Ministero« (Außenministerium) heißt es, dass es den »dreimonatigen bis dreijährigen Kindern der Angestellten des Außenministeriums vorbehalten« sei. »Im Raum gab es neben winzigem Mobiliar mit erstem Montessori-Material und Angeboten der Übungen des praktischen Lebens mit Spannbettlaken überzogene Matratzen, auf denen die Kleinsten sich so frei wie möglich bewegen können. In diesem Alter der Kinder muss sehr stark personenbezogen gearbeitet werden. Die Frage der Pädagogen lautet auch hier: Was möchte das Kind? Der Erwachsene drängt sich dem Kind nicht auf, ist aber immer in der Nähe. Die Erzieherin lässt Raum und Zeit, damit Kind, Mutter und Erzieherin das zentrale Problem in der Kinderkrippe, die vormittägliche Trennung vom Elternteil, als solche auch wahrnehmen und bewältigen können. Die Erzieherin stellt sich neben das Kind und teilt seinen Schmerz, so dass das Kind erfährt: ›Da ist jemand, der mich annimmt, wie ich bin‹. Erst danach ist das Kind bereit, auf die Umgebung einzugehen. Grundtendenz ist also, an den Gefühlen des Kindes Anteil zu nehmen und bereit zur aktiven Kontaktaufnahme zu sein, wenn das Kind es wünscht.

In einem Video wurde gezeigt, wie einem Baby ein Montessori-Angebot gemacht wurde und wie dieses kleine Kind zur Polarisation der Aufmerksamkeit kam. Das Angebot war ein ›Körbchen der Schätze‹. In diesem Körbchen befinden sich haptisch und taktil unterschiedliche Gegenstände aus dem Alltag, z. B. ein Badewannenstöpsel, ein Stück Stoff, ein Schwamm, ein Pinsel. Das Kind tastet, fasst nach den Dingen, erkundet sie mit Hand, Mund, Augen und wählt aus. In der Videoaufnahme war zu sehen, dass das Kind sich ein gummiertes Rad wählte und von dem nicht mehr ließ. Es führte viele verschiedene Tätigkeiten damit aus, und Körper- und Gesichtsausdruck zeugten von einer hohen, angespannten Konzentration.«

Ein anderer Berichtsteil beschreibt das Zusammenleben von römischen Kindern im Alter von 2–5 Jahren im »Centro Educativo Maria Montessori« auf dem Tito Livio: »Träger dieses Centro ist der Lehrerverein. Das Haus beherbergt ca. 200 Kinder. Auch hier waren alle Türen offen, und es herrschte eine Zirkulation zwischen den altersgemischten Klassen und den Kinderhausgruppen. Wir sahen hier ›Funktionsecken‹, z. B. im Kinderhausteil einen mit niedrigen Regalen abgeteilten Malbereich, in dem die kleinen Kinder auf Malwänden großzügig und großflächig gestalten können. Im ›Wasserbereich‹ putzte ein Junge hochkonzentriert die Fensterscheiben des Gruppenraums. Wie in den anderen Kinderhäusern fanden sich immer einige Kinder am ›Pasta-Tisch‹ ein, um mit Nudelrollen, Messerchen aus dem täglich ihnen zur Verfügung gestellten Teig Pasta-Teilchen herzustellen. Die hierbei erworbenen feinmotorischen Fähigkeiten stehen denen des Umgangs mit Knete und Fimo nicht nach.«

3.2.5 Mögliche Reorganisation des gesamten Elementar-bereichs in Deutschland

Die niederländische wie die italienische Praxis zeigen andere Alterseinteilungen, als sie bei uns bisher üblich waren. Wie erwähnt, zwingt die demographische Entwicklung in Deutschland z. Zt. bereits zum Umdenken im Bereich der kindlichen Entwicklungs-Schnittstelle im 2./3. Lebensjahr. Damit werden neue Kombinations-Modelle aktuell, für die das pädagogische Prinzip der Altersmischung Bedeutung erhält. Das niederländische Modell könnte Bedeutung erhalten für die kindliche Entwicklungs-Schnittstelle von 4 – 6 Jahren. Sie ist in Deutschland bereits in den Blick genommen durch die Überlegungen zur Um- und Neugestaltung der Schuleingangsphase.

Annette Schavan, die jetzige Wissenschaftsministerin, hat 1998 mit dem Buch »Schule der Zukunft – Bildungsperspektiven für das 21. Jahrhundert« drei Modelle zur Neugestaltung der Schuleingangsphase vorgelegt. Zwar werden hier bezüglich der Schnittstelle 5/6 Jahre noch keine präzisen Altersangaben gemacht. Heute ist die Einschulung ab 5 Jahren bereits möglich. Von einem der drei durch Schavan vorgestellten Modelltypen heißt es: Hinführung zur ›Schulfähigkeit‹ ist ein Ziel dieser Eingangsstufe.

»Bei Bedarf kann ein Kind drei Jahre in der Eingangsstufe verbleiben, ohne dass es eine Klasse wiederholen muss. Besonders leistungsstarke Kinder können die Eingangsstufe auch in einem Jahr durchlaufen. Dem jahrgangsgemischten Leben und Lernen, mit dem sich Namen wie Petersen oder Montessori verbinden, dem Voneinander-Lernen, der gegenseitigen Hilfe wird ein großer pädagogischer und didaktischer Stellenwert beigemessen. Eine Untersuchung der Pädagogischen Hochschule Schwäbisch Gmünd an kombinierten und vergleichbaren Jahrgangsklassen der Grundschulen in Baden-Württemberg kam zu dem Ergebnis, dass die kombinierten Klassen den Jahrgangsklassen leistungsmäßig ebenbürtig sind, aber erhebliche Vorteile im Sozialbereich haben.«

Welche Chancen die Neugestaltung der Schuleingangsphase birgt, zeigt ein Bericht aus der Praxis der Montessori-Pädagogik in Italien. In einer Beobachtung zu Montessori-Grundschulen heißt es: »Bei der Hospitation erlebten wir viel Lernaktivität, aber zu unserem Erstaunen relativ wenig Arbeit mit den Montessori-Materialien. Dieses Bild wiederholte sich später bei dem Besuch anderer Grundschulen. Wir erfuhren im gemeinsamen Gespräch mit den Erzieherinnen, dass die Kinder die Grundfähigkeiten des Schreibens, Lesens und Rechnens in der Regel alle im Kinderhaus bereits erworben haben und in der Schule die dafür geschaffenen Materialien nicht mehr benötigen. Wir sahen die Schüler mit Atlanten und Globen arbeiten, aus Büchern sich zu Themen informieren und mit den Grammatiksymbolen Texte analysieren. Der Vergleich mit seminarhaftem Arbeitsverhalten drängte sich förmlich auf. Doch da sahen wir zwei Jungen mit dem trinomischen Würfel hantieren, und von einem Mädchen war der Rosa Turm aufgebaut. Aber alle drei analysierten diese Materialien mathematisch: die Jungen ermittelten die Formel (a+b+c), das Mädchen das Volumen der einzelnen Kuben.«

Montessori selbst weist darauf hin, dass es im Alter ab vier Jahren beim Kind nicht nur eine Neigung zum selbstständigen

Erwerb des Schreibens und Lesens gibt, sondern auch eine besondere Neigung zur Mathematik. Am Ende der Beschreibung eigener Beobachtungen sagt sie: »Das Kind eignet sich durch natürliche Neigung zur Aufnahme der Kultur, aber die Gesellschaft lässt es in dieser sensiblen Periode geistig im Stich. Doch wenn es in diesem Alter von drei bis sechs eine natürliche Befähigung zu leichter Kulturaneignung gibt, dann sollten wir logischerweise Nutzen daraus ziehen und das Kind mit tätigkeitsfördernden Dingen umgeben, die selbst Schritte in die Kultur vermitteln.«

3.3 Pro und Contra der Altersmischung

Eine effektive Bildungswirkung hängt also von der pädagogisch-didaktisch gestalteten Altersmischung ab. Ohne diese wäre ihre Durchführung kontraproduktiv. In der bisherigen Darstellung der Gestaltung der Altersmischung wurden Vor- und Nachteile bereits erkennbar. Einige markante Punkte sollen noch eigens herausgehoben werden.

3.3.1 Nachteile der Altersmischung

Nachteilig im Hinblick auf die Altersmischung kann die erforderliche Personalintensität sein. Montessori spricht von einer Zahl zwischen 30 und 40 Kindern in den einzelnen Gruppierungen, evtl. auch noch mehr. Das hängt von der Fähigkeit der Erzieher ab. Wenn weniger als 25 Kinder vorhanden sind, senkt sich das soziale Niveau, und in einer Gruppe von 8 Kindern ist es schwierig, gute Resultate zu erreichen. Problematisch im Hinblick auf die genannten Gruppengrößen kann die Zahl der soziogen bedingten Verhaltensauffälligkeiten bzw. -gestörtheiten sein, von denen bereits weit über ein Drittel der Kinder heute betroffen ist. Weiter nachteilig zu nennen ist die zunehmend beobachtbare Konzentrationsschwäche der Kinder. Die Fähigkeit zu individueller konzentrierter Arbeit hat eine fundamentale Bedeutung für die Sicherstellung des kindlichen Lernens im sozialen Freiraum der Altersmischung.

3.3.2 Vorteile der Altersmischung

Generell wurden solche Vorteile bereits behandelt. Einer der Hauptvorteile der Altersmischung liegt in der Förderung der Kooperation der Kinder im Sinne eines kommunikativen Lernens mit sozialerzieherischen Wirkungen. Aggressivität und Intoleranz könnten durch die gegebene Kooperation der Kinder entgegengewirkt oder überwunden werden. Soziale Erfahrungsdefizite von Kindern, bewirkt durch die zunehmende Zahl von Einkind- und Eineltemfamilien (Alleinerziehende), können durch die gebotene Chance kindlicher Kooperation im Altersgefälle aufgefangen oder kompensiert werden. Die Verhinderung sozialer Aussonderung durch die gerade in Deutschland seit Ende der 1960er Jahre praktizierte Integration von behinderten und nichtbehinderten Kindern setzt kindliche Kooperationsprozesse in altersgemischten Gruppen für eine optimale Förderung beider voraus.

Die Wahrnehmung neu entstandener Aufgaben im Bereich der Migrationspädagogik macht ein verändertes Denken und Planen notwendig. Die durch die Altersmischung möglichen und differenzierten kindlichen Kooperationen ermöglichen den deutschsprachig ungewandten Kindern ein Lernen in Kleingruppierungen, die durch kindliche Interessensbildung selbst hervorgerufen werden. In ihnen lassen sich die Defizite unmittelbarer und individueller angehen und beheben. Die durch die kindlichen Kooperationen möglich

werdende zeitliche Entlastung der Erzieher versetzt diese
außerdem in die Lage, sich den schwächeren Kindern indivi-
duell stärker zuwenden zu können.

3.3.3 Pro und Contra in bindungstheoretischen Annahmen und Diskussionen

Einwände der Bindungstheorie gegen frühkindliche Einrichtungen mit Altersmischung erscheinen als ein typisches Problem der Diskussion um heutige Kleinfamilien. In den früheren Großfamilien mit vielen Kindern und rasch aufeinander
folgenden Schwangerschaften waren diese eng gedachten Bindungen an die Mütter gar nicht möglich. Kinder mussten mütterliche Zuwendung schon sehr früh teilen. Sie banden sich
häufig an unterschiedliche Bezugspersonen der Familie oder
gar der Nachbarschaft – Großeltern, Tanten, Onkel, Geschwister oder Ammen. Wichtig war und ist, dass jedes Kind eine sta-
bile Bindung an eine einzelne beständige Bezugsperson auf-
bauen konnte und kann. Bindungstheoretiker weisen in
diesem Zusammenhang auf soziale Wandlungsprozesse im
kulturellen Raum hin. In der Bindungsforschung gilt die
frühe Mutter-Kind-Beziehung als Forschungsmodell, untersucht am Fürsorge- und Bindungsverhalten. Bindungsverhalten dient dazu, Kontakt und Nähe zur Mutter herzustellen,
Fürsorgeverhalten geht entsprechend auf diese Signale und
Bedürfnisse ein.

Uhlig macht deutlich, dass die Art der Bindungsqualität in
engem Zusammenhang mit dem mütterlichen Verhalten
steht (wobei es im Hinblick auf Väter vergleichbare Befunde
gibt). Je feinfühliger eine Mutter sich gegenüber dem Kind
verhält, desto eher zeigt das Kind später sichere Bindung.
Feinfühligkeit (responsiveness) umfasst: 1. ob kindliche Sig-

nale wahrgenommen, 2. richtig interpretiert, 3. prompt und 4. angemessen beantwortet werden. Eine sichere Bindung ist zugleich die Voraussetzung für eine Aktivierung des ›Erkundungssystems‹, also der kognitiven Entwicklung.

Die Charakteristik der Feinfühligkeit ist vergleichbar mit Montessoris Forderung an Eltern – »Kenntnis der psychischen Bedürfnisse des Kindes und die Fähigkeit, seine Äußerungen zu beobachten und richtig zu deuten« sowie ihnen angemessen zu entsprechen.

Die genannten Ergebnisse, gewonnen am naturgegebenen Modell der frühen Mutter-Kind-Beziehung, stellen das Modell einer Verhaltenserwartung dar, das Uhlig an »Versorgungspersonen« richtet, mit denen das Kind eine emotionale Beziehung – eine Bindung eingeht. Die Frage, welche Personen die Versorgung des Kindes durch ein entsprechendes Bindungsverhalten übernehmen können, beantwortet der Säuglingsforscher Stern so: »jedwede Anzahl sozialer Gruppierungen« (Geschlecht und Generation), die die Rolle der biologischen Mutter als Instanz zur Versorgung des Kleinkindes mit angemessener sozialer Stimulation (Anregung) ganz oder unterstützend übernehmen.

Aufschlussreich mit Blick auf die frühe Altersmischung sind auch die Ausführungen von Silbereisen/Schuhler. Unter dem Aspekt der frühen Entwicklung prosozialen Verhaltens heißt es: »Das Mikrosystem der Familie ist durch die Eltern keineswegs allein bestimmt. Den Geschwistern kommt, wie beispielsweise für die sozial-kognitive Entwicklung gut belegt ist, in mancher Hinsicht sogar eine größere Bedeutung zu.« Untersuchungen fanden eine wechselseitige Beziehung »zwischen dem auf dem Höhepunkt der Bindungsentwicklung stehenden jüngeren Kind und dem etwa zwei Jahre älteren Geschwister. Erfuhr das jüngere vom älteren Geschwister gehäuft prosoziales Verhalten, war es selbst bei Konflikten zuvorkommender und kooperativer. Aber auch umgekehrt gewann das ältere in seiner Orientierung am Wohlergehen anderer. Diese Aufwärts-Spirale scheint dann umso besser zu funktionieren, wenn die Mütter die Gefühle und Bedürfnisse des jüngeren Geschwisters dem älteren in Art von Induktion (einer Ein- oder Hinführung) nahe brachten«. Prosoziales Verhalten besteht darin, dass eine Person willentlich für eine andere Person oder Personengruppe einen Vorteil anstrebt, etwa helfen, teilen, spenden oder unterstützen will.

Entscheidender Faktor der Bindung ist die Art und Weise der Zuwendung und die dauerhafte Beständigkeit der Bindung an eine einzelne Person.

Am Ende seines kurzen Berichts zur Krippenforschung über die letzten Jahrzehnte stellt Beller 1993 fest, »dass die Fragestellung Familie versus Krippe wohl lange und tiefe historische ideologische Wurzeln hat, aber wissenschaftlich irreführend ist«. Letztendlich läuft unter einem bindungstheoretischen Gesichtspunkt alles auf die Frage nach der Gestaltung, der Art und Weise der Zuwendung hinaus. Uhlig spricht von Feinfühligkeit, die er unter vier Gesichtspunkten, wie schon genannt, beschreibt. Montessori fordert, wie bereits erwähnt, Feinstes zu verstehen suchen und ein feinfühliges Eingreifen – einen empathischen Umgangs- und Erziehungsstil.

4. Frühkindliche Wege religiöser Bildung und Erziehung

»Auch vor Gott muss das Kind Kind sein dürfen.« Dieser Verweis Montessoris auf diese anthropologische Grundgegebenheit enthält auch die Forderung nach einer entwicklungsangemessenen und –orientierten religiösen Erziehung – der Beachtung der sensiblen Phasen.

4.1 Grundlagen der religiösen Bildung

Montessori gibt zu bedenken, dass die Religion eine universale Empfindung ist, die jedem Menschen eigen ist. »Sprache und Religion sind die Kennzeichen jeder Menschengruppe. Religion ist etwas, das im Inneren jeder Seele ist.« Mit dieser Feststellung findet sich Montessori in Übereinstimmung mit aktuellen religionswissenschaftlichen Forschungen, die von »religiösen Voraussetzungen oder Dispositionen als anthropologische Konstanten« (einer bestehenden menschlichen Ausstattung oder Vorgabe) sprechen.

4.1.1 Religiöse Dimension kindlicher Existenz

Auf seiner Suche nach Lernchancen bewegt sich das Kind durch alle Dimensionen seiner Existenz. Montessoris Anthropologie, ihr Menschenbild, ist mehrdimensional ausgerichtet. Es betrachtet und behandelt den Menschen in einer biologischen Perspektive als Lebewesen, der physischen Dimension menschlicher Existenz. In einer anthropologisch-philosophischen Sichtweise erhellt sie das Wesen des Menschen als eine mit Geist, mit Aktivität und Freiheit ausgestatte Person. Als eine weitere Dimension beschreibt Montessori die religiöse Existenz des Menschen als ein

Geschöpf Gottes aus der biblisch-theologischen Sicht. Diese drei Dimensionen sind gemeint, wenn Montessori von der Aufgabe spricht, das ganze Leben des Kindes in eine einzige Einheit – eine Synthese – zu bringen. Unter dem religionspädagogischen Aspekt ergibt sich für Montessori die Aufgabe, »auch das zu entwickeln, was an Geistigem und Göttlichem in der kindlichen Seele existiert«.

4.1.2 Ziel der religiösen Bildung der Kinder von 0–7 Jahren

Religion als universale Empfindung gehört zur Ausstattung des Kindes, die es bei seiner Geburt mitbringt. Diese Empfindung, der religiöse Sinn, entwickelt sich von innen heraus. Auf der Suche nach Lernchancen muss dem Kind Gelegenheit gegeben und geboten werden, »sein eigenes religiöses Leben zu leben«. Als Ziel der religiösen Erziehung beschreibt Montessori das Bemühen, das »ganze Leben des Kindes in eine einzige Einheit zu bringen – das leibliche, das intellektuelle und das geistliche« (religiös-spirituelle). Dabei gilt es, die religiöse Erziehung in das tätige Leben des Kindes einzubeziehen.

4.1.3 Die Phasen der religiösen Entwicklung (0–7 Jahre)

Wie die Phasenübersicht in II.2.4 zeigt, unterscheidet Montessori hinsichtlich der zu fördernden religiösen Sensibilitäten zwei große Phasen für das Alter von 0–7 Jahren. Die Zeit von 0–4 Jahren bezeichnet sie als die »Empfindungsphase«, in der alle kindlichen Bildungsaktivitäten eingebettet sind in Empfindung und Gefühl. Das Alter von 4–7 Jahren nennt sie die »Periode der Unterweisung«, in der das Kind bereit ist für Lektionen unterrichtlicher Art. Für den frühen Zeitraum wird in den weiteren Überlegungen nur die Empfindungsphase behandelt, die der Thematik dieses Buches entspricht. Montessori unterscheidet die Empfindungsphase in zwei Entwicklungsabschnitte mit jeweils besonderen Sensibilitäten.

Die Empfindungsphase – das Alter von 0–2 Jahren: Im Alter von 0–2 Jahren »gewahrt« das Kind, was es umgibt. Auf dem Weg über Bewegung und Sinne sammelt es Eindrücke in seiner Umgebung und geht ordnend und prüfend mit ihnen um. Seine Wahrnehmungen über Empfindung und Gefühl führen das Kind zur Liebe zu seiner Umgebung wie Montessori formuliert.

Die Empfindungsphase – das Alter von 2–4 Jahren: Zwischen dem Alter von 2–4 Jahren gibt es eine sinnenhafte und zugleich geistige Stufe, die einen Schritt vorwärts darstellt. Das Kind entwickelt die Neigung, sich über das Materielle hinaus zu »erheben«, zu transzendieren. Es bewegt sich darin über das Sinnenhafte hinaus. Von dieser Phase sagt Montessori, dass sie von ihrem Charakter her in besonderer Weise empfänglich sei und deshalb vom religiösen Gesichtspunkt her in besonderer Weise beachtet werden müsse. Im Alter von 0–6 Jahren besitzt das Kind die Fähigkeit zu absorbieren, einheitlich und global wahrzunehmen und zu erleben. Das mit der Geburt beginnende religiöse Empfinden veranlasst das Kind, religiöse Ausdruckphänomene direkt aus der Umgebung aufzunehmen.

Montessori verweist darauf, dass das Kind in diesem Alter nicht nur eine große Feinheit der Sensibilität besitzt, sondern auch eine Fähigkeit, viel tiefer zu verstehen, als wir wahrnehmen. »Kleine Kinder besitzen eine Sensibilität, die aus dem Herzen kommt.« Das bedeutet, dass das religiöse Gefühl in dieser Epoche geschaffen und später nur noch entwickelt wird. Kinder dieses Alters »sind selbst voller Liebe und brauchen Liebe, um aufzuwachsen. Die Liebe der Eltern ist die Sicherheit dieses Alters. Liebe und Schutz sind also die Notwendigkeiten der frühen Zeit. Deshalb muss das religiöse Gefühl Schutz ausdrücken«.

4.1.4 Tätige religiöse Bildung des Kindes

Für die frühen Jahre des Kindes fordert Montessori eine tätige religiöse Erziehung und formuliert das schon genannte Ziel, »die religiöse Erziehung in das tätige Leben des Kindes einzubeziehen«. Dazu muss das Kind »eintauchen« können in das religiöse Leben, das es umgibt. Montessori spricht von einer geistlichen (spirituellen) Atmosphäre, aus der das Kind sich selbst auf dem Weg durch sein absorbierendes unbewusstes Auswählen holt, was es für sein religiöses Verlangen braucht. »Das Kind denkt, fühlt und strebt in einem ganz anderen Sinne als der Erwachsene. Es beobachtet und versteht alles in seiner eigenen Weise.« Zur beschriebenen Eigenart kindlichen Lernens und kindlicher Bildungsprozesse muss dem Kind Gelegenheit gegeben werden, die Montessori an Aktivitäten der Bewegung und Übungen des täglichen Lebens erörtert und die in einem weiteren Teil dieses Buches noch dargestellt werden. Religiöses Leben bedeutet religiöses Tun. Die religiöse Bedeutung der Empfindungsphase (im Alter von 0–4 Jahren) kommt für Montessori auch darin zum Vorschein, dass die entsprechenden Sensibilitäten es dem Kinde ermöglichen, Religion sinnenhaft zu erfassen. Atmosphäre, Zeichen und Symbole haben in diesem Zusammenhang einen großen Stellenwert. Auf sie wird im didaktischen Zusammenhang noch näher eingegangen.

Zur Verdeutlichung des Gemeinten sei an dieser Stelle erhellend auf ein entsprechendes religiöses Grunderlebnis eingegangen, das der Benediktiner N. Wolf aus seiner frühen Kindheit berichtet: »Meine älteste Erinnerung, die ich an meine Kindheit habe, ist die: Ich war zweieinhalb Jahre alt, es war Weihnachten, und meine Mutter nahm mich mit in die Weihnachtsmesse. Sie stellte mich Knirps vor sich auf die Bank. Ich sah das Licht, hörte die Musik, roch den Weihrauch – noch heute öffnet mir diese Erinnerung alle Sinne. Sie war mein religiöses Grunderlebnis.« Bewegungs-, Sinnes- und Handlungsaktivitäten sind jene Wege, auf denen sich die selbsttätige religiöse Bildung des Kindes in seinen frühen Jahren vollzieht. Eine solche tätige religiöse Bildung meint Montessori mit ihrer Forderung, dass das Kind auch in das »übernatürliche Leben auf seine eigene Weise eindringen muss. Auch gegenüber Gott muss das Kind Kind sein.«

Ganztätiges Erfassen: Montessori verweist darauf, dass das Kind in den ersten Jahren noch nicht in der Lage ist, eine Belehrung durch das gesprochene Wort zu erfassen. Dagegen kann es sie durch Aktivität aufnehmen. »Es gibt ein Alter, in dem das Kind ergreifen kann, vor allem durch eine reale Aktivität, indem es handelt.« Das Kind erfasst durch eine reale Aktivität, weil es dadurch angeregt ist, dass es z. B. Gegenstände nehmen, und zwar selbst nehmen kann. »Also muss man die Umgebung mit Dingen vorbereiten, je nach dem, was das Kind aufnehmen kann und dem, wovon wir gesehen haben, dass das Kind es real nehmen kann. Und wenn es eine Weise gibt, tätig zu erfassen, muss man es offensichtlich freilassen, zu nehmen und tätig zu sein.« Montessori spricht in diesem Zusammenhang von einem Bildungsproblem in einem sehr frühen Alter. Das tätig nehmende Kind lernt mehr, als Erwachsene und Erzieher vermuten. »Das Kind wird verstehen, wie es ihm möglich ist, aber es wird (real) ergreifen.«

Einbettung des Tuns in Empfindung und Gefühl: Die selbsttätigen kindlichen Aktivitäten lösen Gefühle aus, die die Kinder zum Ausdruck bringen. Darin zeigt sich die Einbettung kindlichen Lernens und kindlicher Bildung in Empfindung und Gefühl. Mit dem Blick auf die Bedeutung der Erzieher in den frühen Jahren des Kindes wurde bereits im Kapitel II.2 auf die kindliche Gefühlsentwicklung näher eingegangen.

Im Zusammenhang mit der frühkindlichen religiösen Bildung verweist Montessori sehr nachdrücklich auf die große Bedeutung des Gefühls. Das Kind kommt mit einer hohen religiösen Sensibilität auf die Welt. Sein religiöses Empfinden und Fühlen entwickelt sich insbesondere in den frühen Jahren seines Lebens. »Auch das Gefühl muss sich entwickeln. Es ist wohl nicht an eine genaue Kenntnis gebunden. Vielleicht kann es durch diese genaue Kenntnis unterstützt und begleitet werden. Es gibt diese Seite des Gefühls, die die wichtigste Seite ist. Wir können nur pflegen, wir können von der frühesten Kindheit an helfen.« Die so beschriebene kindliche Weise des religiösen Lernens als ein ganztätiges Erfassen ist die Beschreibung dessen, was Montessori die unbewusste Tätigkeit der Intelligenz nennt – den absorbierenden Geist des Kindes. Es handelt sich um die ganzheitliche und unbewusste Aufnahme und Hinterlegung von Erfahrung und Wissen sowie geistiger Ordnung und praktischer Anwendung.

Montessori konkretisiert diese Art kindlichen Lernens. Man muss die Umgebung für die Kinder vorbereiten, damit sie Dinge tatsächlich über den Weg der Bewegung und Sinne erfassen können. Sie formuliert aus ihren Überlegungen eine Konsequenz: »Das Kind in die religiösen Lehren durch Handlungen eindringen zu lassen. Folglich ist es eine ruhige und tätige Angelegenheit, es ist ein Leben. In einem bestimmten Alter kann das Kind etwas leben, was zu lernen es vielleicht nicht fähig wäre. Und da gibt es eine große Menge an Handlungen.«

4.2 Religiöse Erziehung nach der »Montessori-Methode«

Montessori hat 1939 einen Vortrag gehalten mit dem Titel: »Religiöse Erziehung nach der Montessori-Methode.« Leitend auch für die religiöse Bildung des Kindes auf der Basis ihres Bildungskonzeptes ist die Bitte eines Kindes »Hilf mir, es selbst zu tun«.

4.2.1 Montessoris Bildungsverständnis – Struktur

Die Struktur der Montessori-Pädagogik kommt in allen Beschreibungen des kindlichen religiösen Bildungsprozesses zum Vorschein. Dabei handelt es sich um die bekannte Dreiheit des Erziehungsgeschehens, auf das an vielen Stellen dieses Buches bereits eingegangen worden ist:

♦ die freie Aktivität des Kindes, die freie Arbeit, die aus Konzentration und Übung besteht
♦ die altersspezifisch vorbereitete Umgebung
♦ der Erwachsene – Eltern und Erzieher – in der vorbereiteten Umgebung.

Diese drei Grundsätze liegen auch der religiösen Bildungskonzeption Montessoris zugrunde.

Die gesammelte Arbeit und Übung des Kindes: Gemeint ist die Konzentration oder die Polarisation der Aufmerksamkeit, die tiefe Versenkung und ungestörte Übung oder Sammlung in der Auseinandersetzung mit einer Sache oder einem konkreten Gegenstand. Es ist notwendig, so Montessori, » die religiöse Erziehung in Einklang zu bringen mit dem durch Aktivität und

Freiheit bestimmten Geist der kleinen Kinder, die es gewohnt sind, aus ihrer spontanen Arbeit heraus fröhlich zu leben«.

Die Vorbereitung der Umgebung des Kindes – die Anregungswelt: Montessori spricht von der Bereitstellung einer altersangemessenen Umgebung mit Motiven für die Bildungsaktivitäten des Kindes. Es geht darum, dass das Kind selbst handelnd aktiv werden und sich frei bewegen kann im Umgang mit den gewählten Übungen oder Anregungsgegenständen. »Das erzieherische Milieu, eine erzieherische Umgebung vorzubereiten, ist schon die wichtigste Handlung für das Erziehen.« Das Kind kann »in dieser Umgebung leben, in sie hineintauchen, viel mehr daraus schöpfen als aus einer Person«. Dennoch – so Montessori – ist das Wichtigste in dieser Umgebung der Erwachsene – der Erwachsene in der Umgebung.

Der Erwachsene oder Erzieher in der Umgebung des Kindes: Montessori spricht nachdrücklich vom Erzieher als »Erzieher in der Umgebung des Kindes«, betont jedoch, dass in der vorbereiteten Umgebung der Erwachsene das Wichtigste ist, da ihm die Bildung und Erziehung des Kindes obliegt. Das ist die vorbereitende Basis, sagt sie und fragt, was der Erzieher tun soll, um zu erziehen. Montessori verweist antwortend auf zwei Notwendigkeiten:
- der Seele des Erwachsenen eine bestimmte Orientierung geben und
- ein Milieu vorbereiten, eine erzieherische Umgebung.

Dies bedeutet, dass die Selbstvorbereitung des Erziehers und die Vorbereitung der Umgebung die Basis der Erziehung und Bildung des Kindes sind. Montessori bringt das Selbstverständnis des Erziehers und sein Handeln auf eine einfache

Formel: »Wir sollten dem Kind dienen.« Unter dem Aspekt einer religiösen Erziehung und Bildung des Kindes auf der Basis der beschriebenen Montessori-Pädagogik nimmt Montessori eine zu beachtende Differenzierung vor: Im Mittelpunkt steht das Kind. Besonders wichtig sind die Unmittelbarkeit zu Gott und die Gleichstellung mit dem Erwachsenen und Erzieher als Geschöpf Gottes und getaufter Mensch.

Bei den folgenden Darlegungen ist zu beachten, dass Montessori ihre konkrete Vorstellung von der religiösen Bildung des Kindes aus der Sicht und Praxis einer katholischen Christin entwickelt. Für andere Religionsgemeinschaften entsteht die Notwendigkeit, religiöse Inhalte und Praxis entsprechend zu ermitteln, zu formulieren und konkretisierend für die Kinder auszuarbeiten und anzubieten. Eine besondere Bedeutung kommt in diesem Zusammenhang dem »Atrium« zu, auf das noch näher eingegangen wird.

»In unserem christlichen Denken – so Montessori – sollte eine hohe Achtung vor der kindlichen Persönlichkeit tief verwurzelt sein; und das persönliche Vollkommenheitsstreben jedes Religionslehrers sollte sich darauf richten, diese Haltung in die Praxis umzusetzen. Wir können viel von der geistlichen Art der Kinder erwarten.« Die genannte Erwartung besteht darin, dass auch die Kinder den Erwachsenen helfen können in ihrem religiösen Leben. »In ihnen sind jene Impulse noch lebendig, die bei den Erwachsenen oft geschwunden sind.« An anderer Stelle sagt Montessori: »Das religiöse Leben der Kleinen wird das religiöse Leben der Erwachsenen beleben.« Diese Meinung noch verstärkend, heißt es: »Als Kind kann das Kind den Erwachsenen im günstigsten Sinne ändern.« Vor dem Hintergrund dieser Differenzierung gibt Montessori mit dem

Blick auf die religiöse Bildung und Erziehung des Kindes zwei bildungsrelevante Dinge zu bedenken:

»Man muss wahrscheinlich eine ganz andere Umgebung schaffen. Es wird sicher auch eine ganz andere Anpassung der persönlichen Haltung (der Erwachsenen und Erzieher) nötig sein.«

4.2.2 Das Kind als Kind vor Gott

Grundlegend für die religiöse Bildung und Erziehung auch in den frühen Jahren des Kindes ist Montessoris pädagogische Forderung, dass das Kind auch vor Gott Kind sein kann und darf.

Der Eigenwert des Kindes als Kind Gottes: »Das Kind ist ein wichtiges Wesen in sich selbst. Es ist von Geburt an ein Geschöpf mit Geist«, dem man auch »einen Weg zur geistigen Entwicklung eröffnen muss«. Mit diesen Aussagen macht Montessori den grundsätzlichen Eigenwert des Kindes von Geburt an deutlich. Von religiös-spiritueller Bedeutung ist ihre existentielle Sicht des Kindes als Kind Gottes, eine Sicht, die aus dem christlichen Verständnis der Taufe heraus begründet ist. Vor diesem Hintergrund fordert Montessori, dass auch pädagogisch das zu fördern ist, was an Geistigem und Göttlichem in der kindlichen Seele existiert. Die Gottes-Kindschaft begründet den Eigenwert des Kindes innerhalb der religiösen Bildung, dem mit Achtung zu begegnen ist. Die Gottes-Kindschaft ist auch der Grund dafür, dass Kind und Erwachsener sich auf der gleichen Ebene vor Gott befinden, aufeinander angewiesen sind und einander auf die je eigene Weise helfen können.

Die Eigenart der kindlichen Gottesbeziehung: Wie erwähnt, fordert Montessori, dass das Kind auch vor Gott Kind sein darf. Es muss auf seine Weise in das übernatürliche Leben eindringen können. Dazu braucht es die ihm gebotene Gelegenheit, »sein volles eigenes religiöses Leben zu leben«. In den frühen Kindheitsphasen geschieht dies, wie schon kurz dargelegt, über das ganztätige sinnenhafte Erfassen auf der Basis von Empfindung und Gefühl. »Die Achtung vor diesen Bedürfnissen der Entwicklung ist so absolut notwendig, weil die Kinder in der frühen Kindheit besonders verletzlich sind, sowohl physisch wie psychisch«. Montessori begründet die Achtung auch aus einer biblischen Perspektive – Jesu Ehrfurcht vor den Kindern und sein Umgang mit ihnen. Sie fasst die Bibelstellen aus dem Matthäus-Evangelium in einem Satz zusammen. »Habt eine tiefe Achtung vor diesen Kleinen, weil Gott sie hoch achtet und ihnen einen Engel als Beschützer im Himmel gibt.«

Eigenart der religiösen pädagogischen Hilfe: Vor dem Hintergrund der religiösen Bildung des Kindes spricht Montessori von einer angemessenen Hilfe. Sie fordert, wie erwähnt, eine ganz andere Umgebung und eine ganz andere Anpassung der persönlichen Haltung der Erwachsenen und Erzieher. Beide sind pädagogisch-didaktische Bestandteile der konkreten religiösen Erziehung durch Eltern und Erzieher. Sie müssen so beschaffen sein, dass sie dem Kinde ermöglichen, sein volles religiöses Leben zu leben im Rahmen der christlichen Gemeinschaft, in die es aufgenommen wurde.

4.2.3 Religiöse Bildung des Kindes – andere Umgebung, andere Erzieherhaltung

Durch Montessoris Formulierung des »Ganz Anderen« kommt der Verweis auf ein religiös-anthropologisches Phänomen zum Vorschein: die menschheitsgeschichtliche Urerfahrung, die Ahnung der Existenz eines »Ganz Anderen« – Gott –, wie die Religionswissenschaft formuliert. Dem Kinde aber wird durch Montessoris Forderung diese religiöse Dimension eröffnet, – für den »Ganz Anderen« eine ganz andere Umgebung durch eine ganz andere persönliche Haltung der Erwachsenen und Erzieher geboten zu bekommen.

Die religiöse Umgebung: Die andere – religiöse – Umgebung stellt sich in der Empfindungsphase von 0–4 Jahren etwas anders dar als in der nachfolgenden Unterweisungsperiode von 4–7 Jahre mit den Möglichkeiten einer direkten religiösen Erziehung und Bildung.

Empfindungsphase – indirekte religiöse Erziehung – Die Zeit der indirekten religiösen Erziehung im Alter von 0–4 Jahren ist atmosphärisch verankert. Über Empfindung und Gefühl verlaufen religiöse Empfindungen und bilden sich religiöse Gefühle aus. Entsprechend müssen religiöse Anregungen und Hilfen beschaffen sein. Sehr wichtig ist es, eine religiöse Atmosphäre zu schaffen. Die Atmosphäre und ihre durchdachte Gestaltung ist die Grundvoraussetzung für die religiöse Bildung des Kindes in den frühen Jahren. Es ist der unmittelbare lebensweltliche Zusammenhang, in den das kleine Kind in Familie oder Einrichtung einfach eintauchen kann und aus dem es sich selbst seine religiöse Nahrung holt.

Außerdem müssen wir dem beobachtenden Kind visuelle Anregungen bieten. Dies gilt bereits von Geburt an. Ergebnisse der modernen Säuglingsforschung verweisen auf die frühe Fähigkeit kindlicher Konzentration in den »Phasen der wachen Inaktivität«, in denen das Kind visuell sehr munter ist und konzentriert seine Umgebung beobachtet. Mit 3 Monaten vermag es sich bis zu 15 Minuten beobachtend zu konzentrieren. Es handelt sich um jene Sensibilität der ersten beiden Lebensjahre, die das Kind befähigt, all das zu »gewahren«, was es umgibt, wie Montessori formuliert. »Es besitzt sehr starke Beziehungen zu seiner Umgebung, die ihm nicht gleichgültig ist.« Mit dem Blick auf die religiöse Erziehung fordert Montessori, dem Kind Anregungen zu bieten. Vom ersten Lebensjahr an sollten religiöse Gegenstände und Bilder im Raum des Kindes sein, da das Kind dieses Alters bereits fähig ist, Portraits und Bilder zu erkennen. Ergebnisse der heutigen Säuglingsforschung haben ergeben, dass Säuglinge im ersten halben Lebensjahr eine hohe Fähigkeit für exakte Gesichtswahrnehmungen haben. Raumgestaltungskriterien für die frühe Zeit der kindlichen Umgebung sind:

♦ Angepasstheit (Fassungsvermögen) an das kindliche Wahrnehmungsvermögen und Maß,
♦ Sparsamkeit an Raum und Dingen,
♦ Einfachheit und Schönheit der Umgebung.

Zusammengefasst heißt dies, eine frühkindliche Umgebung zu schaffen, die nicht vom Zufall oder Empfinden der Erwachsenen bestimmt ist. Durchdacht muss sie sein.

Wichtig ist, dass die Kinder Religion sinnenhaft erfassen können. Im Alter von 2–4 Jahren gibt es eine Phase sinnenhaft-geistiger Art mit einer hohen Empfänglichkeit für religiöse

Phänomene. Montessori verweist darauf, dass Kinder dieses Alters mitgehen sollten zur Kirche, zu den Gottesdiensten. Sie berichtet aus den Erfahrungen ihrer Schulen, dass Kinder in diesem Alter stark am »Leben in der Kirche« interessiert sind: »Die Lichter, die leisen Geräusche, das Schweigen; die Art, in der die Leute sich bewegen, interessieren die Kinder enorm.« Das komplexe »Leben in der Kirche« ist für das Kind die ganz andere Art von Umgebung, die ihm geboten wird. Es ist jenes religiöse Leben mit seiner eigenen – geistlichen – Atmosphäre, in die das Kind eintauchen kann.

Montessori berichtet über Erfahrungen mit einem Gottesdienst, der für 4–6-jährige Kinder vorbereitet war. Sie brachten ihre jüngeren Geschwister mit, die man zum Spielen in einen anderen Raum bringen wollte. Die Kleinen weigerten sich und wollten mit den Großen mitkommen und zuschauen. »Und sie beobachteten mit solch einer Freude, dass sie viel mehr als die älteren Kinder an dem interessiert schienen, was in der Kirche geschah.« Montessori folgert aus dieser Erfahrung, dass es eine sehr starke Empfindungsperiode beim Kind gibt, die ihm erlaubt, »Religion sinnenhaft zu erfassen«.

Das Kind sollte außerdem spüren, dass es einen übernatürlichen Schutz gibt. Für das Alter bis zu 4 Jahren verweist Montessori aber auch noch auf eine andere Sensibilität dieses Alters, die für religiöse Anregungen relevant ist – die emotionale Situation der Sicherheits- und Schutzbedürftigkeit des Kindes. Die Entsprechung dieses Bedürfnisses in der religiösen Erziehung durch Eltern und Erzieher besteht darin, »das Kind spüren zu lassen, dass es einen sehr, sehr mächtigen Schutz gibt – einen Schutzengel, der das Kind beschirmt, und dass Gott an ihm Anteil nimmt und es beschützt«. In diesem Zusammenhang können mit dem Kind eigene erste Gebete formuliert werden.

Auf der Basis von Sinnesempfindungen und Gefühlen können den Kindern in diesem Alter gut ausgewählte Geschichten erzählt werden. Montessori verweist darauf, dass z. B. die Weihnachtsgeschichte mit Lebhaftigkeit und großer Einfachheit dargeboten werden kann. Von den zu erzählenden Geschichten heißt es, dass sie gut und sorgfältig ausgewählt, für Kinder geschrieben und gut illustriert sein sollten.

Unterweisungsphase – direkte religiöse Erziehung – Die Zeit zwischen dem Alter von 4–7 Jahren gilt Montessori als die Zeit, in der das Kind sensibel und aufgeschlossen ist für die auch verbal vermittelten religiösen Bildungsinhalte. Auf der Basis sinnenhaften und emotional erworbenen Wissens, der Sensibilität für die Vorstellungskraft, seinem Sprachverstehen und dem gleichzeitigen Erwerb von Lesen und Schreiben ist das Kind aufgeschlossen für Lektionen. Es bedarf ihrer auch.

Das Alter von 4–7 Jahren ist somit die Zeit für die beginnende direkte religiöse Bildung und Erziehung des Kindes. Als Beispiel für eine diesem Alter entsprechende direkte andere (religiöse) Umgebung beschreibt Montessori ein Projekt, mit dem die Montessori-Modell-Schule in Barcelona in den 1910er Jahren begonnen hat. Montessori-Pädagogen und Priester der katholischen Kirche versuchten gemeinsam, einen religiös gestalteten »Ort für die Kleinen« zu schaffen, aus dem sich das »Atrium« entwickelte. Dieser Ort war ursprünglich für Kinder ab 3 Jahren gedacht und geplant. Die Praxis aber zeigte, dass auch die jüngeren Kinder das religiöse Leben im Atrium mitleben wollten. Das Atrium ist ein Raum, der für die religiöse Erziehung bestimmt ist – ein vorbereiteter Raum in Analogie zu den Werk-, Musik- oder Gymnastikräumen der Schule. Der Raum soll harmonisch und schön gestaltet sein, dennoch einfach, denn er ist keine Kirche. Im Atrium müssen die Kinder die Möglichkeit haben

♦ religiöse Handlungen zu vollziehen,
♦ ganz in Ruhe zu sein und
♦ Tätigkeiten durchzuführen, mit denen sie sich religiöse Kenntnisse erwerben können.

Der inhaltliche (didaktische) Teil – die Gestaltung inhaltlicher religiöser Übungen – hat einen unmittelbaren Bezug zur religiösen Praxis der einzelnen Religionsgemeinschaften. Er müsste durch diese jeweils religionsorientiert aus der Glaubenspraxis der verschiedenen Gemeinschaften aufbereitet und angeboten werden.

Die bereits im Kinderhaus erworbenen sinnenhaften Tätigkeiten ermöglichen es den Kindern, diese in ihrer religiösen Selbstbildung anzuwenden. »Das Atrium verwirklicht die Anwendung derselben Prinzipien im Bereich der religiösen Bildung. Aber in unseren gewöhnlichen Kinderhäusern vermitteln wir z. B. den kleinen Kindern alle Farben; im Atrium geben wir ihnen nur bestimmte: die liturgischen Farben; auch müssen wir diesen hier eine symbolische Bedeutung zuweisen. So findet das Kind im Atrium eine Serie von Übungen, in welche es schon eingewiesen ist, die aber hier einen anderen, erhabeneren Sinn annehmen.«

Die religiöse Bedeutung der früheren Übungen erschließt sich das Kind auf diese Weise selbst. Montessori konkretisiert das pädagogische Angebot innerhalb der Umgebung des Atriums. Sie beschreibt die Gestaltung der anderen vorbereiteten Umgebung am Beispiel des Atriums und deren mögliche religiöse Bildungswirkungen im Prozess der kindlichen Selbstbildung. »Man kann einen Tisch in dieses Atrium stellen.«

- Die Kinder bedecken, von der Lehrerin angeregt, diesen Tisch mit einem Tuch,
- dann mit Schmuck in den liturgischen Farben des Tages. (»Die Kinder, die in dieser Umgebung leben, werden an diese liturgischen Farben gewöhnt. Man braucht darüber nicht viel zu sprechen, weil sie sie sehen und von ihnen umgeben sind. Sie bemerken, dass gewisse Farben häufig wiederkehren und dass manche lange auf dem Tisch verbleiben.«)
- Die Kinder können den Tisch mit Blumen schmücken, die in Harmonie sind mit den liturgischen Farben. (»Und wie in unseren Schulen wirken diese bestimmten geordneten Eindrücke in der Sphäre der Sinne wie ein Schlüssel, der die Tür zum Universum öffnet und der andere Entdeckungen anregt und zu anderen Kenntnissen führt.«)
- Das Kind taucht seine Finger in das Gefäß mit Weihwasser. Es weiß, dass das nicht dasselbe ist wie das einfache Händewaschen.

Im Eingangsbereich katholischer Kirchen befinden sich Weihwasserbecken. Das Weihwasser erinnert an die Taufe. Zum Eintauchen der Finger in das geweihte Wasser stellt Montessori eine praktische, pädagogische Frage: »Wie nehmen die Finger das Weihwasser?« und führt aus, dass in diesem Zusammenhang eine Einführung gegeben wird, »und zwar eine Lektion der Bewegung: Wie macht man das Kreuzzeichen mit Sorgfalt? Ein Kind von 3–4 Jahren ist immer interessiert an genauer und sorgfältiger Bewegung«. Es fordert sie geradezu ein: Auf dem Weg über die analysierende Übung der einzelnen Bewegungen ist es dem Kind auch möglich, sich allmählich das Beugen der Knie – eine Verneigungshaltung – anzueignen. In der Kniebeuge wird die Ehrfurcht vor Gott ausgedrückt. In der langen Entwicklungsgeschichte haben die Menschen schon sehr früh Umgangsformen entwickelt, durch die sie auch einen gegenseitigen Respekt und Achtung voreinander ausdrücken möchten. Bei den kleinen Kindern fordert dieser körperliche Ausdruck eine lange und komplexe Übung in der Bewegung und Bewegungskoordination, Übungen, die sie im Grunde gerne machen.

Montessori bezeichnet die beschriebene Art der Bildung der Sinne und Bewegung als eine Form religiöser Unterweisung. »Es handelt sich hier um den äußeren und sichtbaren Aspekt der religiösen Aktivität, aber alles ist dabei symbolisch, und sie ist ein zum Leben der Seele wesentlich gehörender Teil.«

Im Zusammenhang mit der tätigen Einführung in die Liturgie verweist Montessori auf eine andere Art der religiösen Bildungswirkung. Wenn das im Atrium tätig gewordene Kind nach Hause kommt und die Eltern von Weihnachten und Epiphanie reden hört, kann es verstehen. »Es findet in seinen eigenen Erfahrungen nun ein klares und genaues Echo auf die Worte und das Leben der Erwachsenen, und es hat eine Hilfe, sie zu verstehen und an ihrem Dasein teilzunehmen.«

Das Kind lernt durch seine Erfahrungen im Atrium auch Verhaltensweisen in ihrer Bedeutung zu unterscheiden – so profane von sakralen, d. h. lebenswesentlich-alltägliche von heiligen. Die von Montessori betonte Unterscheidung von Atrium und Kirche dient dem gleichen Bildungszweck – profane und sakrale Lebensräume zu unterscheiden. Es gibt in diesem Zusammenhang auch unterschiedliche Bewegungsqualitäten – profanes Raumverhalten und sakrales Raumverhalten in Bewegungen, sprechen oder schweigen.

Das Atrium hat also die Bedeutung einer sinnenhaften Einführung und Vorbereitung der religiösen Bildung durch Tun und Wort.

Als katholische Christin entwickelt Montessori die didaktischen Inhalte aus dem Glaubensgut der katholischen Kirche. Es handelt sich um die konkrete Hinführung zu Gebet und Liturgie, zur Bibel und zu den Festen des Kirchenjahres, wie sie sich in dem von Helming herausgegebenen Band »Kinder, die in der Kirche leben« befinden.

In diesem Zusammenhang hat eine Bemerkung Montessoris Bedeutung. Sie begründet die Notwendigkeit des Atriums als einen eigenen Raum für die religiöse Erziehung mit der Tatsache, »dass sie in den Schulen einen praktischen Vorteil bietet, die von Katholiken und von Kindern besucht wird, die nicht an diesen religiösen Übungen teilnehmen«.

Neben dem Atrium verweist Montessori auf die frühe Bedeutung der Gestaltung der Feste des Kirchenjahres mit ihren hohen sensorisch-ästhetischen Gehalten. Diese kommen der Wahrnehmungsweise und den Sensibilitäten des frühen kindlichen Alters in besonderer Weise entgegen. In diesem Zusammenhang finden sich religionspädagogische Arbeitsvorlagen in dem genannten von Helming herausgegebenen Werk.

Montessori verweist mit Blick auf die religiöse Selbstbildung des Kindes für die gesamte Altersspanne von 0–7 Jahren auf die Bedeutung und den Vorbereitungscharakter von allgemeinen Übungen der Bewegung und der Sinne. Sie spricht vom ganztätigen religiösen Leben des Kindes, das alle Bereiche der kindlichen Existenz (das leibliche, das intellektuelle und geistig-spirituelle) in Einklang bringt. An verschiedenen Stellen schildert Montessori eine »Reihe von Übungen«, die dem Kind für sein Probieren und seine Erfahrungen im tätigen religiösen Leben dienen:

♦ Schweigen, um das Kind an Sammlung zu gewöhnen
♦ Durch freie Arbeit (»Zyklus der Arbeit«, Polarisation der Aufmerksamkeit) eine Art spontaner Meditation

- ◆ Ruhig gehen mit Vermeidung von Lärm
- ◆ Stühle leise hinstellen
- ◆ Aufstehen und sich setzen, ohne gegen etwas zu stoßen
- ◆ Gegenstände – auch zerbrechliche – mit Sorgfalt tragen, so dass ihnen nichts geschieht
- ◆ Angezündete Kerzen tragen, ohne Hände und Tücher mit Wachs zu beflecken
- ◆ Körbe mit Blumen oder Vasen mit Wasser tragen
- ◆ Vasen mit Blumen füllen.

Alle diese Übungen helfen dem Kind in seiner religiösen Bildung und lassen es »ruhig, gelassen, achtsam auf seine Bewegungen und fähig zum Schweigen und zur Sammlung werden«.

Neben der Vorbereitung der religiösen Umgebung verweist Montessori auf die Notwendigkeit, kindliche Schwierigkeiten zu erkennen und zu analysieren. Sie spricht von der entwicklungsabhängigen Notwendigkeit einer »Analyse der Schwierigkeiten«, die sie am Beispiel des »Betens« oder später des Verstehens der »Gebote« erläutert.

Was das Gebet betrifft, so muss das kleine Kind selbst verstehen können, was es betet. Montessori beschreibt an verschiedenen Stellen ihrer Bücher das selbst formulierte Gebet des Kindes aus dem kindlichen Lebenszusammenhang. Für die noch kleinen Kinder enthalten vorgeformte Grundgebete der Kirche zwei Teile:

- ◆ einen Teil, der von Kindern verstanden werden kann und
- ◆ einen, der nicht von ihnen verstanden werden kann.

Am Beispiel des »Ave Maria«, dem »Gegrüßet seist du Maria«, analysiert Montessori die kindlichen Schwierigkeiten. »Wir geben nur einen Satz, wir regen nur eine Idee an: das Bild der Mutter und den Gruß.« Erst später werden weitere Gebetssätze gegeben. »Dieses Stückchen Gebet, das man in kurzen Anrufen vollziehen kann, ist eine Anwendung des Grundsatzes, die Schwierigkeiten zu isolieren.« In vergleichbarer Weise kann sich das Kind über die Intervalle der einzelnen Sätze auch nach und nach das Vaterunser aneignen.

Als weiteres Beispiel nennt Montessori die Begegnung des älteren Kindes mit den »Geboten«. In diesem Zusammenhang gilt das Prinzip, »mit Hilfe eines Materials, das einen Eindruck gibt, etwas zum Verständnis zu bringen. Wir suchen nach Arbeitsmitteln, die Gelegenheit für eine leibliche und geistige Übung geben. Das Atrium gibt die Möglichkeit dazu, und es ist dafür da«. Die »Gebote« sind in Stein graviert, ähnlich wie sie es einstmals waren. Dazu wird dann ein Bild von Moses gelegt. »Was wichtig ist bei den ›Geboten‹, besteht darin, dass sie Gebote sind! Das erste Gebet, das wir gesprochen haben, war ein Gruß und das Kind hat ihn vollzogen. Jetzt handelt es sich darum, etwas anderes zu verstehen: das Kind muss ein Gebot erhalten.« Montessori verweist in dieser Ausführung darauf, dass das Kind dieses »Wort Gottes feierlich empfängt, damit es dafür Achtung empfindet und ihm gehorcht«.

Die zwei wichtigen Punkte erkennt Montessori erstens darin, dass es Gebote sind, und zweitens, dass man sie in einer Haltung des Gehorsams empfangen kann. Es geht darum, die Gebote mit Würde darzubieten. Montessori beschreibt im Zusammenhang mit diesen Inhalten die Vorbereitung einer angemessenen Umgebung. Das Atrium ist der besondere Ort, wo diese Übungen sich mit einer gewissen Feierlichkeit entfalten können. Die in ihm vollzogenen Übungen nennt Montessori »die Huldigung der kleinen Kinder, die einzige, die sie in diesem Alter darbringen können, diese langsamen Bewegungen, dieses Schweigen, diese eindrucksvolle Aufmerksamkeit lassen in ihnen eine große Liebe wachsen und viel Zärtlichkeit«.

Der ganz andere Erzieher: In ihren Überlegungen zu einer »angemessenen Leitung« des Kindes in seinen religiösen Bildungsaktivitäten hat Montessori auf die schon erwähnte notwendige Differenzierung hingewiesen: Es wird sicher auch eine ganz andere Anpassung (Entsprechung) der persönlichen Haltung der Erzieher nötig sein.

Montessori bringt das Selbstverständnis der Erzieher auf die schon genannte Kurzformel: »Wir sollten dem Kinde dienen.« In einer religionspädagogischen Perspektive bezeichnet sie es als das Geheimnis der Erziehung, »das Göttliche im Menschen zu erkennen und zu beobachten, d. h. das Göttliche im Menschen zu erkennen, zu lieben und ihm zu dienen; zu helfen von der Position des Geschöpfes aus und nicht der des Schöpfers. Wir haben das göttliche Wirken zu fördern, aber nicht uns an seine Stelle zu setzen«.

Mit diesen Aufgaben und deren religiöser Verankerung umreißt Montessori ein ganzes religiöses Erziehungsprogramm, das sie an anderer Stelle noch ein weiteres Mal differenziert. Um die Grundlagen der religiösen Erziehung zu schaffen, sind zwei Dinge zu tun, sagt Montessori: Erstens eine Kenntnis von Gott und allen Dingen der Religion zu geben. Zweitens die verborgenen Kräfte des Kindes zu erkennen, zu bewundern, ihnen zu dienen und demütig zur Seite zu treten »mit der Intention der Mitarbeit, so dass die Personalität des Kindes mit seiner inneren Gegenwart immer vor uns steht«.

Dazu müssen die Erzieher sich selbst vorbereiten. Die entsprechende persönliche Erzieherhaltung beschreibt Montessori mit einem einzigen Satz. Seine notwendige Selbstvorbereitung besteht in »Achtung vor dem Kind und Demut seiner selbst«. Die Grundlage der Demut erkennt sie in der Einsicht, dass man in dieser religiösen Erziehung »nichts tun kann ohne die Hilfe Gottes, dass man niemals Gottes Stelle einnehmen kann«. Die Hilfe der Erzieher besteht darin, »in den Dienst an der Seele des Kindes zu treten«. In diesem Dienst gibt es dann so etwas wie eine wechselseitige Hilfe, weil beide – Kind und Erzieher – als Geschöpfe »Abhängige sind und diese Abhängigen sich lieben und sich gegenseitig helfen müssen«. Montessori bezeichnet diese Sicht als das Neueste und Wichtigste in ihren Grundsätzen.

In Entsprechung der frühen Zeit der religiösen Bildung und Erziehung des Kindes – ihrer Einbettung in Empfindung und Gefühl – gilt auch in diesem Zusammenhang all das, was über den empathischen Erziehungsstil im Kapitel II.2 im einzelnen bereits dargelegt worden ist. Es geht darum, Feinstes zu beachten und zu verstehen suchen, und es bedarf eines feinfühligen, taktvollen Eingreifens. Der Vermittlungsschlüssel für die religiösen Inhalte unterschiedlicher Religionsgemeinschaften liegt in der Forderung nach der spezifisch anders vorbereiteten Umgebung und einer entsprechend anderen religiösen Erzieherhaltung. Montessori verweist darauf, dass sie in Indien einen Kursus über Religion gegeben habe »für Menschen verschiedener Religionsgemeinschaften wie Hindus, Mohammedaner, Katholiken und andere«. Religiöse Elementarbildung – frühkindliche Wege in der religiösen Bildung – bewirken Erfahrungen religiöser Art, die sich unter dem Motto »Das Ganz Andere« zusammenfassen lassen:

- Es gibt Zeichen (Gebärden und Bewegungen), die ganz anders sind.
- Es gibt Zeiten (im Tag, in der Woche, im Jahr), die ganz anders sind.
- Es gibt Räume (Zimmer und Häuser), die ganz anders sind.

◆ Es gibt Menschen (Erwachsene, Erzieher), die ganz anders
  sind.

Durch diese religiösen Erfahrungen entsteht die Ahnung, die
Feststellung, dass es jemanden gibt, der auch ganz anders ist.
Religionsphilosophen nennen Gott aus dieser Wahrneh-
mungsperspektive deshalb auch den »Ganz Anderen«.

4.3 Entwicklung und Aktualität

Unter diesem Aspekt kann im Rahmen und der Intentionen
dieses Buches nur kurz und verweisend etwas gesagt werden.
Für Interessierte ist im Anhang die entsprechende Literatur
mit Quellenbelegen angegeben. Auch für die religiöse Bildung
des Kindes von Geburt an gilt, was Montessori in den letzten
Jahren vor ihrem Tod im Jahr 1952 an mehreren Stellen ausdrücklich festgestellt und gefordert hat: Das Kind ist mit großen psychischen Kräften ausgestattet, von denen wir noch zu
wenig wissen, und es gibt noch keine entsprechenden Termini
(Begriffe) für diese Fähigkeiten. 1951 spricht sie die Verantwortung des Erwachsenen an, »dem die Pflicht erwächst, mit
aller wissenschaftlicher Gründlichkeit die seelischen Bedürfnisse des Kindes zu erforschen und ihm eine entsprechende
Umwelt zu bereiten«. Auch im Blick auf die religiöse kindliche
Bildung gilt dieser Hinweis auf die Unabgeschlossenheit ihrer
Bildungskonzeption, die zu beachten ist.

4.3.1 Cavalettis Erfahrungsraum einer anthropologischen
Katechese

In der unmittelbaren Weiterführung des religionspädagogischen Ansatzes von Maria Montessori hat Sofia Cavaletti 1954
ein entsprechendes »Religionspädagogisches Zentrum« für

die kirchliche Gemeinde-Katechese in Rom aufgebaut, das sie bis zu ihrem Tod vor einigen Jahren geleitet hat. Eine Hospitation im Jahre 1989 bot Einblick in ein atriumartig vorbereitetes Ambiente für die religiöse Unterweisung von 3–12-jährigen Kindern. Es diente auch für religionspädagogische Kurse mit Erwachsenen. Ein ebensolches Atrium befand sich in einer Montessori-Schule in Rom, die Cavaletti mitbegründete und in der sie mitarbeitete. In dieser Schule lebten und lernten Kinder von 2–12 Jahren. Das Interessante am Atrium dieser Schule war, das es integriert war in einen multifunktionalen Raum, der zu verschiedenen Projekten – hier der religiösen kindlichen Bildung – jeweils gestaltet werden konnte. Nach Cavalettis Modell wird auch in einigen deutschen Kirchengemeinden gearbeitet. Sofia Cavaletti hat ihre Arbeit 1979 dokumentiert. »Das religiöse Potential des Kindes«, so lautet der Titel des Buches.

4.3.2 Kindliche Zugangsweisen zum Religiösen

Unter diesem Gesichtspunkt berichtet die Literatur, die diesem Abschnitt des Buches zugrunde liegt, über neuere Forschungsergebnisse, die unter dem Aspekt kindlicher Zugangsweisen zur Religion von entsprechender Bedeutung sind.

Die frühkindliche Authentizitätsprüfung: Unter den Ergebnissen der internationalen Säuglingsforschung ist eine frühkindliche Entwicklungssituation von besonders hoher Relevanz – die kindliche Authentizitätsprüfung der Echtheit seiner Beziehungen um den 8. Lebensmonat. Das Kind ist auf der Basis der emotionalen Entwicklung und seiner Fähigkeit, entsprechende Signale lesen zu können, in der Lage, die Echtheit der affektiven Zuwendungen von Eltern oder primären Betreuungspersonen zu erfassen und die Echtheit oder

Unechtheit im affektiven Umgang mit ihm zu unterscheiden. Hier entwickelt und entscheidet sich die Bildung des Urvertrauens, das auch die Basis für die Entwicklung des Vertrauens in seiner sich aufbauenden Gottesbeziehung wie der Beziehung zu Menschen ist.

Bollnows Analysen der pädagogischen Atmosphäre, Feste und Feiern: Der Pädagoge und Philosoph Otto Friedrich Bollnow hat die – auch religiös gesehene – Bedeutung der pädagogischen Atmosphäre analysiert, die von religionspädagogischer Relevanz ist für die frühkindliche Gestaltung einer religiösen Atmosphäre, in die das Kind dann auch emotional eintauchen kann.

Exelers Ansatz einer religiösen Erziehung als ganzheitliche, umfassende Förderung des Menschen: Der katholische Theologe und Religionspädagoge Adolf Exeler spricht im Hinblick auf die Früherziehung von der Familie, den familienähnlichen und familienergänzenden Einrichtungen von »Lernorten religiöser Elementarerziehung«. Sie haben es »primär mit der Kategorie des Umgangs zu tun, gelegentlich verbunden mit Deutungen zu dem, was man tut«. Exeler stellt differenzierend fest, »dass es bei einer gesunden und wirksamen religiösen Erziehung in diesem Milieu nicht darauf ankomme, permanent von Gott und Jesus Christus zu sprechen, sondern aus der Inspiration des christlichen Glaubens heraus von dem konkreten heranwachsenden Menschen und seinen Möglichkeiten her zu denken und aus dieser Gesinnung heraus erzieherisch zu handeln bzw. mit den Kindern und Jugendlichen umzugehen«.

Bergs Ansatz des religiösen Symbol-Lernens: Der evangelische Theologe und Religionspädagoge Klaus-Horst Berg hat sich in den vergangenen Jahrzehnten sehr intensiv aus der Perspektive des evangelischen Christentums mit Montessoris religionspädagogischem Konzept auseinandergesetzt. Einen starken Akzent legt er auf die ästhetische Dimension der religiösen Bildung. Dieser Ansatz eines sinnenhaften Erfassens und Ausdrucks religiöser Wahrnehmung und religiösen Tuns kommt der Früherziehungssituation des Kindes in seinen religiösen Selbstbildungsaktivitäten sehr entgegen.

Biesingers Programm einer religiösen Erziehung als Oase: In zwei jüngeren Veröffentlichungen aus den Jahren 2005 und 2008 legt der Theologe und Religionspädagoge Albert Biesinger zwei kleinere Werke vor, die vor dem Hintergrund der bröckelnden Tradition der Glaubensweitergabe eine praktikable Hilfe bieten. Dies gilt sowohl für die inhaltliche Dimension der Glaubensweitergabe als auch für die anthropologisch-entwicklungspsychologisch bedachten und beschriebenen kindlichen Zugangswege zum Glauben und der pädagogischen Unterstützung dieses Prozesses durch Erwachsene – Eltern und Erzieher. Eindrucksvoll ist der in diesem Konzept vollzogene Ausgangspunkt aller Überlegungen aus der Kinderperspektive, wie Montessori sie fordert.

Einleitend zu seinem Buch »Wie Gott in die Familie kommt« heißt es: »Gott ist durch Ihr Kind in Ihrer Familie längst da. Wenn Gott schon da ist, warum sollen wir ihn dann einladen? Genau besehen, kann es nur darum gehen, sich dessen bewusst zu werden und alltagstaugliche Wege für unsere ureigene persönliche Antwort auf seine uns bereits geschenkte Beziehung zu finden. Dieses Buch lädt Sie dazu ein. Es ist geschrieben aus jahrelanger Praxis in unserer eigenen Familie mit vier Kindern und zwei Enkelkindern. Letztlich waren sie unsere ›Engel am Wege‹, die uns die große Vision ›Gott in der Familie‹ erschlossen haben.«

5. Aktualität der Montessori-Pädagogik

In den Grundlagen-Dokumenten der Reform des Elementarbereiches in Deutschland seit 2004 werden zwei pädagogische Grundprinzipien herausgestellt, in denen sich Montessoris anthropologisch-pädagogisches und didaktisches Denken widerspiegelt. Die »Rahmenvereinbarung« der Jugend- und Kultusminister-Konferenz von 2004 formuliert diese im Folgenden ausgeführten Grundsätze.

5.1 Das Kind ist der pädagogische Bezugspunkt seiner Bildung

Ausdrücklich geht es um das Kind als Persönlichkeit, das »zu seiner Entfaltung auf vielfältige Anregungen von Seiten der Erwachsenen angewiesen ist«. Ausdrücklich heißt es, dass der Bildungsprozess alle Aspekte der kindlichen Persönlichkeit umfasst. Es gilt das Prinzip der ganzheitlichen Förderung. Das heißt, dass alle Inhalte der Förderung den Charakter von Querschnittsaufgaben haben. Dies dürfte in der Darstellung der Förderbereiche dieser Arbeit auch deutlich geworden sein.

Die »Rahmenvereinbarung« hebt pädagogische Grundlagen hervor, »die in der Förderung der Gesamtpersönlichkeit des Kindes, seiner Selbsttätigkeit und Selbstständigkeit sowie im Aufbau tragfähiger sozialer Beziehungen liegen«. Diese Grundlagen begründen Entwicklungs- und Bildungskontinuität – etwa durch eine entsprechende Gestaltung des Übergangsbereichs zu Schule. Die »Unterweisungsphase (4–7 Jahre)« berührt also den Übergang in den Schulbereich. Es geht um die Gestaltung der pädagogischen wie methodisch-didaktischen Anschlussfähigkeit. In den bisherigen Ausführungen taucht der pädagogische Denkansatz Montessoris bis in die sprachliche Formulierung hinein auf. Darin dürfte sich auch bereits die gegebene Aktualität der Montessori-Pädagogik für die Reform des Elementarbereichs selbst erweisen.

5.2 Bildung als kindliche Aneignungstätigkeit

Der »Rahmenplan« spricht von der Notwendigkeit, Kindertagesstätten zu gestalten als »Orte für frühkindliche Bildungsprozesse«. Bildung auch in der frühen Lebenszeit »umfasst die Aktivitäten des Kindes«. Daraus ergibt sich eine von der Rahmenvereinbarung geforderte Voraussetzung für pädagogische Fachkräfte hinsichtlich der Anregungen für kindliche Selbstbildungsprozesse – »die Wahrnehmung der Interessen, Themen und Fragen des Kindes, die mehr sind als ein Anlass für Beschäftigungsangebote«.

Der Begriff der kindlichen Aneignungstätigkeit taucht in den Länderbildungsplänen unterschiedlich begründet und zum Teil sehr unklar und verschwommen auf. Die Montessori-Pädagogik besitzt in diesem Zusammenhang angesichts der kindlichen Aneignungstätigkeit einen hohen Grad von Aktualität. In Montessoris Konzept hat die Tatsache der selbstständigen Bildungsaneignung durch das Kind einen zentralen, ja begründenden Stellenwert. Sie definiert das Bildungsgeschehen. Das »Polarisation der Aufmerksamkeit« genannte aktive Bildungsgeschehen, das die freie Arbeit des Kindes strukturiert, hat Montessori gründlich beobachtet, studiert und in seinen Phasenabläufen und Bildungswirkungen beschrieben. Außerdem hat sie ein didaktisches Rahmenkonzept entwickelt und konkretisiert, das dem Kind die selbsttätige und selbstständige Bildungsarbeit ermöglicht.

Angesichts der genannten Reformbestrebungen im Elementarbereich, denen die Montessori-Pädagogik entgegenkommt, gelten auch heute einige Sätze Montessoris zu auftretenden möglichen Schwierigkeiten und Missverständnissen zwischen Erwachsenen und Kindern: »Das Kind denkt, fühlt und strebt in ganz anderem Sinn als der Erwachsene. Es beobachtet und versteht alles in seiner eigenen Weise. Deshalb sind auch die Reaktionen der Kinder so gründlich verschieden von denen der Erwachsenen, sodass diese manchmal die Reaktionen ihrer eigenen Kinder nicht verstehen können. Das Kind braucht eigene Mittel und eine besondere Weise, um sich entwickeln zu können; eine eigene Zeit, ein eigener Rhythmus und eine eigene Dauer charakterisieren seine Aktivitäten. Auch die Interessen des Kindes sind tatsächlich andere als die des Erwachsenen. Sie unterscheiden sich davon oft so sehr, dass es zu Konflikten und Spannungen führt. ... Als Kind kann das Kind die Erwachsenen im günstigen Sinn ändern.«

III. Anhang

1. Literatur zu den Buchkapiteln

I. Grundriss der Montessori-Früherziehung

Holtstiege, H.: Von der tastenden Hand zum geistigen Anfassen. In: Montessori-Zeitschrift für Montessori-Pädagogik. H. 1 (2001) S. 4–34

Holtstiege, H.: Früherziehung nach Maria Montessori. In: Ludwig, H. /Fischer, C./Fischer, R. (Hg.): Montessori-Pädagogik und frühe Kindheit – eine Revolution in der Erziehung? Lit: Münster 2004. S. 27–56

Holtstiege, H.: Wann beginnt Montessori-Früherziehung? In: Ludwig, H. u. a. (Hg.): 100 Jahre Montessori-Kinderhaus. Geschichte und Aktualität eines pädagogischen Konzeptes. Lit: Münster 2009. S. 130–153

II. Förderbereiche im Alter von 0–4 Jahren

Das Kind auf der Suche nach Lernchancen

Holtstiege, H.: Die Suche nach Lernchancen und die Bildungsmotive in der Umgebung des Kindes im Alter von 0–3 Jahren. In: Ludwig, H. u. a. (Hg.): Das Lernen in die eigene Hand nehmen – Mut zur Freiheit in der Montessori-Pädagogik. Lit: Münster 2007. S. 60–83

Die Bedeutung der Erzieher in den frühen Jahren des Kindes

Holtstiege, H.: Die Bedeutung der Erzieher in den frühen Jahren des Kindes. In: Ludwig, H. u. a. (Hg.): 100 Jahre Montessori-Kinderhaus. Lit: Münster 2009. S. 154–174

Die Altersmischung der Kinder von 0–6 Jahren

Holtstiege, H.: Montessoris Prinzip der Altersmischung – ein soziales Element menschlichen Lernens in Kindheit u. Jugend. In: Ludwig, H. u. a. (Hg.): 100 Jahre Montessori-Kinderhaus. Lit: Münster 2009. S. 175–195

Frühkindliche Wege religiöser Bildung und Erziehung

Holtstiege, H.: Was bedeutet das Religiös-Ästhetische für die Erfahrungen und die Lebenswelt des Kindes im Alter von 0–3 Jahre? In: Ludwig, H. u. a. (Hg.): Musik – Kunst – Sprache. Möglichkeiten des persönlichen Ausdrucks in der Montessori-Pädagogik. Lit: Münster 2006 S. 269–304

Zu I. und II.

Allgemein:

Holtstiege, H.: Das psycho-biologische Konzept sensibler Phasen und Maria Montessoris Theorieansatz. In: Ludwig, H. (Hg.): Montessori-Pädagogik in der Diskussion. Freiburg 1999. S. 30–42

Holtstiege, H.: Der absorbierende Geist. Montessoris Hypothesen und biologische Forschungsergebnisse. In: Ludwig, H. (Hg.): Montessori-Pädagogik in der Diskussion. Freiburg 1999. S. 43–64

Holtstiege, H.: Die beobachtende Intelligenz des Kindes und das Problem des visuellen Analphabetismus. In: Winkels, Th. (Hg.): Montessori-Pädagogik – konkret. Bad Heilbrunn 2000. S. 61–73

Holtstiege, H.: 100 Jahre Montessori-Pädagogik in Familie, Nido und Kinderhaus – Entwicklungen und Aktualität. In: Ludwig, H. u. a. (Hg.): 100 Jahre Montessori-Kinderhaus. Lit: Münster 2009. S. 69–96

Vergleichende Untersuchung:

Holtstiege, H.: Montessoris frühpädagogische Erkenntnisse und die »Revolution« in der Säuglingsforschung. In: DAS KIND H. 40 (2/2006). S. 67–121

Zum Früherziehungs-Projekt:

Holtstiege, H.: Arbeitsbericht zum Forschungsprojekt »Früherziehung im Rahmen der Montessori-Pädagogik«. In: Ludwig, H. u. a. (Hg.): 100 Jahre Montessori-Kinderhaus. Lit: Münster 2009. S. 345–359 (englisch in: Montessori – RESEARCH & MORE Newsletter I/2008 (June) S. 34f.)

2. Literaturverweise

2.1 Auswahl der im Buch verarbeiteten Literatur

Berg, H. -K.: Maria Montessori – Mit Kindern das Leben suchen. Freiburg 2002

Beller, B.: Kinderkrippe. In: Markefka/Nauck (Hg.) Handbuch der Kindheitsforschung. Neuwied 1993. S. 535–546

Biesinger, A.: Kinder nicht um Gott betrügen. Freiburg [14]2007

Biesinger, A.: Brauchen Kinder Religion? Weinheim 2005

Biesinger, A.: Wie kommt Gott in die Familie? München 2008

Bollnow, O. F.: Das Wesen der Stimmungen. Stuttgart [3]1956

Bollnow, O. F.: Die pädagogische Atmosphäre. Heidelberg 1964

Cavaletti, S.: Das religiöse Potential des Kindes. Religiöse Erziehung im Rahmen der Montessori-Pädagogik. Freiburg 1994

Filipoviz, A.: Religiöse Erziehung als Hilfe zur Menschwerdung. Eine Untersuchung zur Religionspädagogik Adolf Exelers (1926–1983) Münster 2004

Montessori, M.: Das Kind in der Familie. Wien 1923

Montessori, M.: Kinder sind anders. Stuttgart [13]1993

Montessori, M.: Das kreative Kind. Freiburg [15]2002

Montessori, M.: Kinder, die in der Kirche leben. Die Religionspädagogischen Schriften von Maria Montessori, hrsg. von H. Helming. Freiburg 1964

Montessori, M.: Gott und das Kind. Freiburg [4]2008

Lillard, P. P.: Montessori from the Start. Schocken Books. New York (o. J.)

Schavan, A.: Schule der Zukunft – Bildungsperspektiven für das 21. Jahrhundert. Freiburg 1998

Silbereisen, R./Schuhler, P.: Prosoziales Verhalten: Bedingungen und Verläufe der Entwicklung. In: Markefka/Nauck (Hg.): Handbuch der Kindheitsforschung. Neuwied 1993. S. 275–288

Stern, D.: Mutter und Kind. Stuttgart [4]2000

Stern, D.: Die Lebenserfahrung des Säuglings. Stuttgart [8]2003

Uhlich, D.: Emotionale Entwicklung. In: Markefka/Nauck (Hg.): Handbuch der Kindheitsforschung. Neuwied 1993. S. 263–274

2.2 Allgemein einführende Literatur zur Thematik

Heiland, H.: Maria Montessori. Hamburg [9]2003 (Biografie)

Holtstiege, H.: Modell Montessori. Freiburg [15]2009

Ludwig, H.: Erziehen mit Maria Montessori. Ein reformpädagogisches Konzept in der Praxis. Freiburg [5]2003

Oswald, P./Schulz-Benesch, G. (Hg.): Grundgedanken der Montessori-Pädagogik. Quellentexte und Praxisberichte (21. Gesamtauflage) Überarbeitet und aktualisiert von H. Ludwig). Freiburg 2008

Schäfer, C.: Montessori für zu Hause. München [3]2004

Schäfer, C.: Kleinkinder fördern mit Maria Montessori. Freiburg 2006

Steenberg, U.: Lass deinem Kind sein Geheimnis – Religiöse Erziehung nach Maria Montessori. Freiburg 1998

Steenberg, U.: Kinder finden ihren Weg – Montessori – Das Elternbuch. Freiburg [3]2007

Steenberg, U.: Montessori-Pädagogik im Kindergarten. Freiburg 2008

Waldschmidt, I.: Maria Montessori – Leben und Werk. Münster 2001 (Biografie)

3. Zeittafel zum Leben und Wirken Maria Montessoris

31.8.1870 Als Tochter von Alessandro Montessori, eines Offiziers des Risorgimento, und von Renilde, geb. Stoppani, in Chiaravalle bei Ancona geboren. Es ist das Jahr der Gründung einer konstitutionellen Monarchie in Italien.

Um 1882 (andere Quellenlage mehr für 1872) lebt die Familie Montessori in Rom. Besuch der technischen Schule für Jungen, einer Vorstufe des heutigen Realgymnasiums, – Abitur – Studium der Medizin an der Universität Rom.

1896 Staatsexamen und Promotion als erster weiblicher Doktor der Medizin in Italien – Assistenzärztin an der psychiatrischen Universitätsklinik in Rom.

1900 Wirtschaftliche und soziale Krisen bilden den Hintergrund ihrer Initiativen zugunsten der ausgebeuteten Kinder in sizilianischen Minen, die sie auf dem Londoner Frauenkongress einbringt.

1898–1900 Leiterin der Scuola Ortofrenica (Schule zur Ausbildung von Heilpädagogen) – Aufenthalt am Bourneville-Institut in Paris – Studium der Werke Jean Marie Itards (1775–1830), Édouard Séguins (1812–1880) und des Taubstummenlehrers Pereira (1715–1780) – Praxis als Kinderärztin in Rom.

1899 »Das Recht des geistig-behinderten Kindes auf Achtung innerhalb der Gesellschaft« bildet den Kern ihrer Vortragsreihe auf einem Kongress in Turin. Das Problem der Abhängigkeit von sozialer Herkunft und Schulerfolg ist Inhalt ihrer empirischen Forschungen in dieser Zeit. – Studium der Psychologie und Philosophie an der Universität Rom.

1904–1908 Professur für Anthropologie an der Universität Rom.

6.1.1907 Eröffnung des ersten Kinderhauses (Casa dei Bambini) in San Lorenzo, einem slumähnlichen Viertel Roms, auf Initiative einer gemeinnützigen Wohnungsbaugesellschaft zur unentgeltlichen Betreuung vernachlässigter Vorschulkinder. Mit der Übernahme dieser Institution bringt sie ihr Gedankengut für die Gestaltung der Umgebung des Kindes ein und verwendet erstmals ihr Sinnesmaterial bei gesunden Kindern.

1909 Sie legt die Ergebnisse ihrer teilnehmenden Beobachtung und der darauf aufbauenden Prinzipien erstmals schriftlich nieder. Außerdem gibt sie ihre Praxis als Ärztin auf, überträgt Helferinnen die Leitung der Kinderhäuser und widmet sich von nun an der Ausbildung von Erziehern.

1913 Gründung des »Hauses der Kinder in der Kirche« in Barcelona. – Von 1915 an Zentrum ihrer Bemühungen um die Rechte des Kindes in der modernen Gesellschaft – häufiger Aufenthalt in Spanien.

1915 Einführung der religionspädagogischen Gedanken Maria Montessoris durch A. Maccheroni anlässlich des liturgischen Kongresses auf dem Montserrat.

1926 Gründung eines Montessori-Institutes in Wien – Anerkennung durch S. Freud. Unter dem faschistischen Regime werden ihre Schulen in Italien geschlossen. Die Nationalsozialisten in Deutschland hoben später die Montessori-Einrichtungen auf und erteilten den Pädagogen Berufsverbote.

1936 Zu Beginn des Spanischen Bürgerkrieges Weggang von Barcelona.

1939 Aufenthalt in Indien – kurze Internierungszeit – Möglichkeit freier Vortragsreisen – freundschaftliche Beziehungen u. a. zu Rabindranath Tagore und seiner Schule »Heim des Friedens«.

1944–1948 Seit 1944 Forderung Montessoris nach Früherziehungseinrichtungen für Kinder ab einem Jahr und entsprechender Qualifikation für pädagogische Fachkräfte (»Pflegepersonen«).

1948 veranlasst Montessori die Gründung eines Seminars zur Beratung junger Mütter. Das »Centro Nascita Montessori« in Rom entsteht, es existiert heute noch. Ab 1949 entwickelt sich in Rom das »Nido«, das »Nest« für Kleinstkinder im Alter von 0–3 Jahren.

1949 Endgültige Rückkehr nach Europa (Holland) – Vortragsreisen – Ehrungen auf internationaler Ebene.

6.5.1952 In Noordwijk-an-Zee in Holland gestorben.